一小时学会做快手

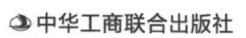

赵文锴 著

中华工商联合出版社

图书在版编目（CIP）数据

8小时学会做快手 / 赵文锴著 . —北京 : 中华工商联合出版社 , 2022.6

ISBN 978-7-5158-3422-1

Ⅰ.①8… Ⅱ.①赵… Ⅲ.①网络营销－基本知识 Ⅳ.①F713.365.2

中国版本图书馆CIP数据核字（2022）第068635号

8小时学会做快手

作　　者：赵文锴
出 品 人：刘　刚
责任编辑：楼燕青　胡小英
装帧设计：鸿蒙诚品
责任审读：李　征
责任印制：迈致红
出版发行：中华工商联合出版社有限责任公司
印　　刷：北京毅峰迅捷印刷有限公司
版　　次：2022 年 10 月第 1 版
印　　次：2025 年 10 月第 7 次印刷
开　　本：787mm×1092mm　1/16
字　　数：200 千字
印　　张：13.25
书　　号：ISBN 978-7-5158-3422-1
定　　价：59.80 元

服务热线：010-58301130-0（前台）
销售热线：010-58301132（发行部）
　　　　　010-58302977（网络部）
　　　　　010-58302837（馆配部）
　　　　　010-58302813（团购部）
邮址邮编：北京市西城区西环广场 A 座
　　　　　19-20 层，100044
Http：//www.chgslcbs.cn
投稿热线：010-58302907（总编室）
投稿邮编：1621239583@qq.com

工商联版图书
版权所有　侵权必究

凡本社图书出现印装质量问题，
请与印务部联系。
联系电话：010-58302915

PREFACE 序一

快手，一个不容错过的时代风口

> 当 5G 来临的时候，短视频也好，直播也好，（快手）所能够服务的人群，服务的生活场景，服务的商业场景会变得更加广泛，更加深入，对这个世界带来的改变会更多。作为创业者，应该在风口来临之前就准备好，而不是在风口被所有人发现之后才去参与。
>
> ——快手联合创始人、董事长兼 CEO 宿华

快手仅仅是一个短视频 APP 吗？

不！它更代表着一个视频和直播的商业时代，对于所有普通人来说，它是一个不可多得的财富迁跃的超级机会和风口！

2021 年，快手的平均日活跃用户已突破 3 亿。尽管这一数据与抖音尚有一定的差距，但快手每位日活用户的日均使用时长为 99.3 分钟，用户黏性却更胜抖音一筹。

快手超强的黏性与其自身携带的巨大流量，令无数互联网从业者蜂拥而至，在奔跑争抢中追名逐利，幻想着有一天能够成为月入六位数乃至更多的超级网红，

打造自己的品牌，创建出属于自己的商业帝国；同时也使许多富有激情与梦想的新媒体创业者和热爱短视频行业的创作者纷纷涌入短视频这个奇妙有趣的行业当中，并依靠着自己天马行空般的创意以及持续不断的创作能力脱颖而出，在狂揽粉丝的同时，攫取到属于自己的红利，以自身的经历书写出一个又一个财富传奇。而在这些先驱者的影响下，越来越多的普通人也逐渐想要推开快手的大门，寄望于自己能够成为下一个万人瞩目的网红达人，实现物质财富和个人 IP 层面的双丰收。

可事实是，如今的短视频赛道竞争已经趋向于白热化，即便是身后有着网红孵化机构包装、扶持的优质内容创作者想在短视频行业站稳脚跟也愈发艰难，更别提那些对创作短视频完全没有经验的素人小白。于是乎，我们经常能够看到有很多普通用户头脑一热，抱着试试的态度也在快手上拍起了作品，可由于此前完全没有短视频的创作经验，对于快手账号的前期策划和当下主流玩法以及制作流程等相关知识缺少一些基本的认知和概念，导致这群用户创作出的短视频作品无论从哪个方面看都缺乏竞争力，在与其他较为成熟的作品争夺流量池资源的时候往往处于下风，最终成为其他优秀创作型者"C 位出道"的绿叶，既浪费了宝贵的时间，也消磨了创作灵感，更丧失了对短视频创业的激情与幻想。

想要成为网红达人，学习短视频制作基础知识和直播运营策划方法是非常重要的。正所谓："万丈高楼平地起，一砖一瓦皆根基。"那些在不少人眼中看似"无用"的短视频基础理论，实则决定了快手项目最终落地时能达到什么样的高度。只有创作者掌握这些知识，才有可能实现流量变现。

本书作者与采访团队在撰写前，已经有多年的快手实战经验，并积累了大量符合快手现状的一手素材和实操方法，同时采访多位活跃在快手上的知名网红达人，与他们进行了深入探讨；在保证快手新用户能够轻松阅读的前提下，针对不同情境，给出了相应的进阶玩法的介绍和创作方向的推荐。

此外，本书更注重趣味性和实战性，阅读本书你会发现，读书的过程就如同你与一群同样热爱快手、喜欢制作短视频的朋友在进行着一场深刻而不失简洁，风趣而不失严肃的头脑风暴，在研习快手基础理论知识的同时激发自己内心深处的创作灵感，让自己完全沉浸到拍摄短视频的策划及制定个人方向的工作之中。我们知道，很大一部分快手入门玩家的痛点在于前期起步艰难，各种方面的工作汇聚到一起不知从何处入手，很多人坚持很久也没有起色，难得要领。因此，为解决快手新用户的困惑，本书作者特意根据快手新用户的痛点，从海量实战资料中精心提炼做快手不可或缺的十一个环节，分别为"快手规则""前期准备""选题策划""爆款文案""拍摄与制作""吸引流量""涨粉""广告变现""电商变现""快手直播""复盘"，快手创作者有可能遇见的疑难问题在书中都能找到答案。

另外，本书作者更是有幸邀请到多位快手平台鼎鼎有名的百万级网红进行一对一访谈，他们是快手各领域创作者中的佼佼者，拥有着丰富的自媒体运营实战经验，在他们的访谈中蕴含着其成功的关键因素，并为读者朋友们提供了详细的创作思路，也解锁了多种不一样的快手实操技法，全程干货满满，是各位读者朋友在快手短视频创作之路上的指南针。

最后，本书主创作者及编委会成员由衷地向那些热爱快手、热爱短视频创作的读者朋友们送出真挚的祝福，愿你们的短视频计划能够成功落地，赚得盆满钵满。

P 序二
REFACE

做一个有梦想又赚钱的快手号

在快手十周年的广告片里,黄渤以一个快手用户的身份将自己使用快手APP的感悟娓娓道来,视频同时也缓缓展开了其他快手用户的真实故事。这些勇于追寻生活意义的人,都怀揣着对未来的向往:

有着"环球哥"绰号的李新咏从环游95国到踏遍祖国大地,用执着和勇气完成挑战,让时间和生命不断丰满;

来自偏远农村的小伟,在工地做搬砖工时利用工地的脚手架健身,并凭借健身技术在快手课堂成为健身教练,为自己和他人创造更多可能;

被粉丝们誉为"功夫小魔女"的小汤圆,几乎每天都在为心中的"格斗梦"进行着不懈的训练。在镜头中,稚嫩的小汤圆笑着说自己长大后的梦想是成为一名职业运动员,在格斗项目里为祖国争得荣誉……

快手,让很多用户学会了勇敢表达。事实上,表达与抒情并不只是浪漫诗人们的权利。给予"沉默的大多数"表达和"被看见"的机会,同样意义非凡。快手作为一个观察者与记录者，为每一位个体创造并提供了一个被看到、被热爱的领域。快手联合创始人宿华曾在不同场合都抛出过类似的观点："每一位热爱生活的普通人都值得被看见。"

快手用户"女骑士阿甘"，仿佛是一位活在风中的精灵，在她的作品中，独自一人跨坐在摩托车上，从华北到西北，从大理到川藏，上演了一幕现实版的"千里走单骑"。

快手用户"开船的大橙子"是一位"跑船人"，她将自己与父母的跑船生活放进了快手的视频里，从小船到大船，从运河到长江，于风浪间从容前行。因为快手，大橙子还收获了一段甜美的爱情和一个温馨幸福的家庭。

十年时间里，有数亿用户不断加入快手平台，他们共同打造出这个有温度、值得信任的网络社区。在这里，那些原来沉默的大多数，变得不再沉默；那些原来普通的人，变得不再普通；那些原来平凡的事物，变得不再平凡。在这里，每一种生活都散发着点点星光，被看见，被接受，被喜欢。

在陪伴用户成长的过程中，快手也在不断接受挑战与生长。自2019年6月开始，快手主动打响"K3战役（冲刺3亿日活）"，并由此彻底拉开了一场与抖音的用户拉锯战。同样在这年，快手结束三年陪跑，终于成为2020年春晚独家互动合作伙伴，牵手央视为全国14亿观众服务。

在四处挥洒重金砸宣发广告的同时，快手官方团队也在重新审视着自己在用户心中的定位，在经历了无数次高层会议讨论后，最终根据快手文化打造出一套专属于快手的"老铁经济"，并全面开启直播带货，为5G时代的新电商做布局。可以说，在各大互联网企业电商蓬勃发展的当下，快手开启全民直播的计划并投入大量人力财力优化直播间功能，乃是顺势而为。

在已经结束的2021年"6·18"电商大促中，快手官方数据显示，快手端直播带货销售额破百万的直播场次多达2,439场，整个"6·18"期间快手电商直播活动曝光高达547亿次。而就在"6·18"电商大促活动开启的前三天，在江苏卫视、浙江卫视同步现场直播的《快手616真心夜》大型综艺性文艺晚会，累计观看人次更是超过了2.3亿，收视率达到3.54%，位列当晚综艺节目第一。绚烂夺目的明星表演、备受粉丝信任的快手主播、超真心10亿福利好礼……将人与平台、人与品牌方、人与人之间的信任营造至极致，让快手的商业生态变得愈发精彩。

不得不说，快手在长达十年的时间中成就了数不清的网络红人，同时也使更多素人前赴后继地涌向快手，在短视频的大风口前摩拳擦掌，跃跃欲试，他们迫切希望自己有一天也能够完成由素人到网红的蜕变。不过遗憾的是，并不是每个人都能抓住机会，实现梦想。究其缘由，恐怕还是多数人直到现在都不清楚快手的审核与推荐机制，也从未对短视频行业进行过研究。快手主流短视频的时长虽然只有短短的十几秒，但制作流程并不简单。正是着眼于这一点，我们为读者朋友创作了本书。

本书以深入浅出的方式呈现快手短视频精细化运作的每一个细节，手把手教导零基础用户打造出爆款短视频。本书既适合快手新用户、快手创业者、拥有一定粉丝基础的达人阅读，也适合希望借助快手平台实现商业变现的企业、品牌或商家阅读，还可用作高等院校市场营销、新闻传播等专业的学生培训教材。愿每位读者都能在阅读的过程中有所收获，同时也对那些在快手道路上勇敢追梦人予以最真挚的祝福。

目录

第 1 章　**快手规则：弄清平台的底层逻辑和特点** ／ 001

　　快手平台的推荐算法 ／ 003

　　"老铁文化"的特点 ／ 005

　　原创短视频才能成为爆款 ／ 007

　　垂直，垂直，再垂直 ／ 009

　　快手用户重点在三四线城市 ／ 011

　　本章操作要点总结 ／ 013

第 2 章　**前期准备：做什么样的快手号，采取什么方式** ／ 015

　　差异化定位，用不同脱颖而出 ／ 017

　　自身优势是考虑定位的重要因素 ／ 019

　　个人单干不如"抱团取暖" ／ 021

　　刚开始就要考虑好后期如何变现 ／ 025

　　账号名字让人一看就忘不了 ／ 027

　　本章操作要点总结 ／ 029

第 3 章　**选题策划：让快手短视频具有"爆"的潜质**　/ 031

　　熟知快手的几大热门领域　/ 033

　　不能闭门造车，要多看爆款视频　/ 036

　　掌握"蹭热点"的技巧　/ 039

　　视频选题要"形散而神不散"　/ 041

　　选题要有故事性，引发共鸣和参与　/ 043

　　把握好快手短视频投放的时间　/ 045

　　本章操作要点总结　　/ 047

第 4 章　**爆款文案：做出让人尖叫的快手短视频**　/ 049

　　感动用户的不是文字，而是感同身受　/ 051

　　爆款标题的六大创作技巧　/ 053

　　套公式，熟记快手 30 句有趣的文案　/ 056

　　本章操作要点总结　　/ 058

第 5 章　**拍摄与制作：让好的内容得到最棒的呈现**　/ 059

　　配备合适的拍摄设备　/ 061

　　最好是真人出镜　/ 064

　　视频转场的技巧　/ 066

　　运镜拍摄技巧　/ 068

　　各种"特效"的拍摄　/ 072

　　积累和选择合适的配乐　/ 075

　　封面制作和优化技巧　/ 077

　　本章操作要点总结　/ 080

第 6 章　**吸引流量：快手短视频引流的方法**　/ 081

　　人们口中的快手流量池究竟是什么　/ 083

　　付费引流和免费引流　/ 084

　　垂直领域下的精准引流　/ 086

　　评论区引流技巧　/ 088

　　"懒人式"玩法：不需创意，一样能吸粉百万　/ 091

　　本章操作要点总结　/ 093

003

第 7 章 **涨粉：提高用户活跃度和黏性的技巧**　／095

　　粉丝的本质，是对价值的追随　／097

　　为粉丝精准画像　／098

　　百万粉丝和千万粉丝账号的特点　／100

　　使用个性化的语言或动作　／103

　　利用话题标签进行引流　／106

　　利用"连麦PK"增粉　／108

　　本章操作要点总结　／109

第 8 章 **广告变现：通过植入广告与商家合作赚钱**　／111

　　接取官方的广告赚钱　／113

　　入驻 MCN 机构，合作赚钱　／116

　　快手短视频植入广告的技巧　／119

　　本章操作要点总结　／122

第 9 章　**电商变现：通过快手卖货赚钱**　/ 123

　　快手电商变现的准备工作　/ 125

　　快手小店的开通和日常维护　/ 127

　　如何根据粉丝特点选品　/ 130

　　本章操作要点总结　/ 134

第 10 章　**快手直播：新手直播破圈锦囊**　/ 135

　　快手直播的"开通"流程　/ 137

　　直播间的布置技巧　/ 139

　　直播带货所需的硬件设备　/ 141

　　直播时音乐的选择　/ 144

　　与老铁聊天唠嗑不冷场　/ 146

　　挖掘"痛点"，激发观众消费　/ 149

　　与粉丝建立信任　/ 151

　　带货时介绍商品要多维度　/ 154

　　本章操作要点总结　/ 157

第 11 章　**复盘：不断总结反省，提升快手赚钱能力**　/ 159

　　快手复盘的重要性　/ 161

　　主播应从哪些方面进行复盘　/ 164

　　复盘工作的三大原则　/ 167

　　快手头部主播是如何复盘的　/ 169

　　本章操作要点总结　/ 171

附　录　/ 173

第 1 章

快手规则：

弄清平台的底层逻辑和特点

古语有云"工欲善其事,必先利其器。"作为短视频创作者,想要在快手中扬名立万,我们必须做好一切准备工作,唯有提前了解并熟知快手的推荐算法、平台文化、下沉市场、平台发展前景,我们才能在属于自己的创业之路中,勇往直前,百战不殆。

快手平台的推荐算法

快手作为一个短视频 APP 产品，一个内容分发软件，其内容分发的算法逻辑和整体运营的开放思路，决定了快手具有超强带货能力的基因和资本。身为创作者，想要你生产的内容更容易被快手的算法系统识别和青睐吗？接下来，我们将对快手的算法机制进行梳理，希望可以帮助短视频创作者在今后的创作过程中调整方向。

与其他短视频社区不同的是，快手是一个专注于"去中心化"的短视频平台。快手诞生至今，这款产品的广告语虽然有过几次调整，但核心思想都是鼓励用户"记录生活"，这与快手自身的产品定位有很大的关系。从始至终，快手都是一款面向所有用户记录真实生活的社交平台。快手官方运营团队希望每个用户都能得到平等的展示机会，不会刻意将流量分发给各领域的头部达人，正因如此，快手是去中心化的。

如果你经常使用快手，你就会发现，快手系统为你推荐的热门视频，点赞量往往在十万以内，有时，甚至会刷到点赞量不到一万的作品。与其他热门短视频软件那些动辄点赞量几百万的视频相比，快手的热门视频数据稍显"寒酸"。出现这种差距，难道是因为快手用户少吗？

当然不是，根据 2021 年快手平台给出的数据显示：快手全球月活跃用户数已达到 10 亿。之所以快手的热门视频点赞量普遍不高，正是体现了快手算法特有的

"热度权重"。在快手，短视频创作者发布作品的初期，作品会随着其热度的提高，促使曝光机会也跟着提高，此时，"热度权重"起到"择优去劣"的作用。而在视频热度达到一定阈值后，它的曝光机会将不断降低，此时，"热度权重"起到"择新去旧"的作用。

换而言之，快手不想看到流量被头部达人垄断，平台希望给所有用户都有展示自我的平等机会——无论你是坐拥500万粉丝的网红明星，还是刚刚学着制作视频的草根用户，二者的作品能够分到的流量几乎是均等的。

不刻意培养KOL，不针对明星进行流量倾斜，不与头部用户捆绑签约，不设置热点人物、热点话题等榜单，这是快手平台目前的生态。用快手CEO宿华的话来说，"平台不想评判内容，告诉用户你应该去看这个或者那个。去中心化的逻辑就意味着，每个内容，每个人都是平等的，无须平台去给它贴标签，内容本身和AI算法会自动提供选择"。

以目前短视频行业整体的环境来看，快手乃是个人玩家、职业电商的最好选择，这与平台流量池一直坚持的去中心化算法有关。可以说，正是快手对于流量分配算法的严格管理，才会一直吸引大批新用户。

快手的这种去中心化的流量算法让每一个有能力产出优质内容的玩家都可以获得充分曝光的机会，同时也让这些新创作者得到了与成名已久的达人公平竞争的机会，这对于打算从事短视频行业的内容创作者来说无疑是一项免费的流量福利。因此，无论是个人玩家还是商家用户，想要进入短视频领域，可以趁着快手良好的发展期，快速掌握快手的运营技巧和落地指南，及时入驻这个平台，收获属于自己的流量福利。

快手运营一点通

想做好快手短视频，搞清楚平台算法最为重要。针对算法特点和自身情况去策划和创作短视频会更容易成为爆款。

"老铁文化"的特点

随着快手短视频平台的兴起,一些搞怪新奇的流行语也随之火起来,其中使用频率最多的莫过于"老铁"。"老铁"一词来源于东北方言中的"铁哥们",是对哥们的别称,形容一种亲近、牢靠、值得信任、像铁一样坚固的关系,用来比喻朋友之间的感情非常好。在短视频、直播等新媒体形式的传播过程中,逐渐衍生出"扎心了,老铁""老铁没毛病""老铁双击666"等流行语。

相较于抖音从创立之初就一直强调的"潮流""美好""小清新"等时尚基调,快手的"老铁"文化乍看之下,或许带有一丝浓厚的"土味",究其根本,这与快手起家时的网络环境有着密切的联系。快手短视频平台正式成立于2014年,在此之前,"快手GIF"则诞生于2011年3月。也许很多读者并没有使用过"快手GIF",甚至都没有听说过。但通过这个名字不难看出,"快手GIF"是一款专注GIF动图制作与分享的工具。2014年以前,"快手GIF"凭借简单的制作和普惠的流量分发,很快便吸引了一大批不善于文字输出但表达欲强烈的用户进入平台,并形成了第一批用户基础。

一年后,"快手GIF"的创始人宿华看准了短视频赛道,带领团队尝试项目转型。在项目团队的坚持和引导下,2014年11月,"快手GIF"正式更名为"快手",平台主流玩法也从一开始的分享动态图片更改成为创作短视频。不过由于快手前期积累的用户,习惯更为简单的GIF动态图片的制作,因而当平台战略从动态图片转向短视频时,大多数用户根本没有能力创作出有剧情、有逻辑、有内涵的作品,致使快手在后来很长一段时间里,平台上到处充斥着看起来"尬到不行",又有些好笑的"土味视频"。而我们现在所熟知的"老铁文化",就是基于这种环境中诞生的。

对于不了解东北文化的用户来说，相信很多人在第一次听到"老铁"这个词汇时，是不理解的，有些人就会下载快手或是到社交软件的群组里求问，无论采取哪种方式，都是对"老铁文化"的自发传播，他们的举动也很有可能令更多人接触到"老铁"这个词语，从而达到裂变效果。在信息发达的移动互联网时代，这种自发的传播无疑是最有效的推广。尽管被推广的对象，被很多人诟病"土得掉渣"，但无论快手官方团队还是快手忠实用户，在快手多年的发展中都已对此产生了免疫。相反，很多时候快手官方团队还会亲自下场给用户们演示一波"土味"视频，在自嘲、自嗨的同时拉近了平台与用户间的距离。

与其说快手"LOW"（低端），倒不如说快手不屑伪装。快手总是以真实、接地气的面貌出现在用户面前，因而更受三四线城市老铁们的欢迎。而快手这种基于内容的社交关系，也正是它们提供给用户独特的价值。相较于单纯的内容平台，社交关系是更加难得的价值。除了消费内容获得满足感外，快手的"老铁"社区也让用户获得了社会认同感与群体认同感。

"老铁文化"背后是一个个鲜明的"人设"。在快手短视频平台上，我们经常能看到一些美妆博主、美食博主、海外留学生或者电子产品测评师等，他们有自己独特的生活轨迹和丰满的人物（人设）形象，会在某一条原创内容上引起某些观众的共鸣，逐渐积累成私域流量。

快手的这种人与人之间毫无保留的强社交关系，为其带来独特的用户黏性与其他平台难以逾越的护城河。凭借"老铁文化"，一方面快手能够通过社交关系，提高用户留存与平台的积极性，提升用户对于平台的忠诚度与黏性；另一方面，社交、社区关系天然更容易形成信任感与相互认可，有助于快手直播打赏、直播电商业务的开展。

对于一些一二线城市的市场投资者和受众，时至今日恐怕都没能理解下沉市场对"老铁文化"的痴迷与追求。这并不奇怪，毕竟没有亲手点燃过柴火的人，根本无法理解沉浸在篝火舞会的狂欢者是有多么快乐。从用户结构看，快手的用户画像极为下沉，它在三四线城市拥有更多的用户市场。正所谓："有人的地方就一定有需求，所有的需求又能转化成为商机。"因此，越来越多的品牌经销商、带货达人选择入驻快手，追求流量变现。

快手运营一点通

> "老铁文化"是快手最鲜明的特色，依托于"老铁文化"，快手在短短的几年时间里飞快发展出繁荣的"老铁经济"。在快手一旦成为观众信任的"老铁"，就可以在快手平台上迅速做出成绩。

原创短视频才能成为爆款

随着 4G 移动互联网、智能手机在我国大范围普及，2016 年自媒体行业开启了短视频元年，众多自媒体从业者及短视频爱好者纷纷嗅到新商机。一时间，短视频行业吸引大量玩家入场。到 2021 年下半年，短视频的风口还没有过去，甚至才有了几分渐入佳境的意味。不过，在短视频行业发展的过程中，那些一直不投入精力原创，只想着搬运他人劳动成果的"视频搬运工"，他们的日子肯定没有以前滋润了，在短视频用户版权意识越来越强的今天，唯有原创视频才是当下及未来的生存之道。这一点，相信绝大多数的自媒体人都已经意识到了。

那么，究竟什么才是"原创视频"呢？笔者认为短视频创作者弄清楚这个概念非常重要。因为，当前许多自媒体人都陷入了一个误区。他们认为：只有自己写视频脚本，并亲自拍摄、剪辑，才属于"原创视频"。其实并不是。相信一些读者在日常浏览快手时会发现，快手平台上很多被贴上原创标签的视频，并不是视频账号的管理者亲自拍摄的，而是通过对已有视频素材进行二次加工，并加入自己的风格呈现出来。很多收获"百万赞"的热门视频就是如此。站在广义的角度来看，这些被二次加工过的视频其实也都属于原创视频的范畴。作为短视频创作者，如果你有创作文案的能力、自导自演的技术以及三五个好友组成的团队固然最好，无论在哪个短视频平台，这种高质量的内容输出都是用户喜闻乐见的。但倘若你日常工作很忙，又缺少专业设备和足够的时间，那么通过二次加工来做原创视频也是一个不错的选择。

2021年6月1日，新版《中华人民共和国著作权法》（以下简称《著作权法》）开始实施，对比此前的《著作权法》，新版《著作权法》将"类电作品"（电影作品和以类似摄制电影的方法创作的作品）的描述改为"视听作品"，并将最近十年出现的新品类（如短视频、网络直播等）囊括其中。这种举动表明了我国司法部门从法律条文层面进一步明确权责、提升侵权成本、降低维权难度，以匹配当下权利保护的需求。《著作权法》推出后，包括快手在内的各大短视频平台也在加大力度自查平台内部的侵权作品。对于侵权作品，平台轻则删除作品、重则永久封号并依法保留起诉的权利。因此，像此前的"纯搬运"玩法，在今后的环境下将再没有生长的土壤和成长空间。

对于不少短视频创作者而言，花费时间和精力投身短视频创作，一是出于兴趣，二是为了盈利，无论哪一种，我们都要避免在日后的创作中侵权，否则一不小心就可能陷入法律纠纷，得不偿失。同时，笔者采访过的很多快手大V，也建议新人在创作短视频时尽量原创（包含创意模仿、二次加工等），杜绝搬运和抄袭，因为能上快手热门的爆款作品，基本上都是原创视频（包含创意模仿、二次加工等）。

> **快手运营一点通**
>
> 如果有拍摄原创视频的能力,就尽量远离搬运,后者的行为并不被快手官方所支持,很可能面临封号的风险,而且一不小心还有可能触犯法律,与视频原创者对簿公堂。

垂直,垂直,再垂直

在快手平台的迅猛发展下,越来越多的企业、明星、网红开始涌入快手,他们在丰富平台内容的同时,也导致了平台用户的耐心越来越有限,注意力也越来越分散。这种背景下,创作者想获得流量就比较困难,为了迎合用户挑剔的口味,进一步提升用户黏性,创作者必须将自己的账号尽量做到垂直化。

什么是内容垂直

内容垂直这个词听上去似乎有些高大上,但其核心却很好理解——分析自己的优势在哪里,然后找准一个方向在快手平台上批量输出内容,只要你发布的内容有价值且坚持"一垂到底",用不了多久就会吸引更多的人关注你。

武术宗师李小龙曾说:"我不怕会一万种招式的人,我只怕把一种招式练一万遍的对手"。所谓垂直,便是指创作者创作的内容和他选择的领域是一致的,并且一个账号一直以来输出的都是一个类型的内容。如果一个账号今天做户外、明天拍剧情、后天搞养殖,那么显而易见这样的内容输出就不是垂直的。

做垂直内容,首先就得从名称开始。你的名称代表着你的内容或 IP;采用自己的名字或外号作为ID，并且垂直生产内容（即发布的视频都是同一种类型或者同一种模式），以自己的名字做昵称，一般目的是树立强大的IP形象。也有不适用或者不直接使用名字做昵称的，但是昵称最好与创作的内容有关，最佳的效果就是受众一看到你的名字就知道你的内容是什么。

然后才是做内容，一定要在所选取的垂直领域不断输出相似但是不大相同的内容。

如何进行账号垂直定位

信息时代，多数产品经理在对某个行业或项目做评估时，通常都会对行业进行细致的数据分析。而作为短视频创作者，当我们入驻快手建立账号之前，首先要做的，也必须是数据分析，只有通过数据分析，我们才能了解自己想做的领域里有哪些人做得好，他们是怎么做的。通过专业的数据分析，不仅能了解到各领域的最新玩法，发现用户喜欢的内容和方向，还能学习到同行的热门"套路"。在进行快手的行业数据分析时，我们可以使用一些第三方的小工具来获取数据，如飞瓜数据、卡思数据等。

在与网红账号做数据比对分析时，我们务必明确一点，即"别人做得好的领域，自己不一定能做得好"。比如影视明星、出道歌手的账号内容，因为他们自带流量和关注度，所以各种数据都会非常漂亮；此外，还有动画和特效等类别，如果自身没有这方面的技术，就不要选择这块领域。所以在做账号定位的时候，一方面要从平台和用户角度出发，另一方面也要从自身情况出发，看自己能做什么、擅长做什么，这样才能保证内容的质量和持续性产出。

对竞品的特色进行分析不能只靠个人感觉，需要从多个方面进行拆解和分析，比如选题方向、脚本结构、拍摄手法、视频剪辑包装、视频标题及留言区互动等，几个板块缺一不可。对竞品的分析，一方面是学习，另一方面也是从中找到差异化的点，从而进行超越。账号内容垂直化是短视频发展的趋势。上热门的视频，其账号不一定爆，粉丝数不一定多，但粉丝数量高的账号，其内容大多垂直，而且账号内每一个视频的数据都十分可观。

> 快手运营一点通

> 保持内容垂直,可以让你更加精确地吸粉,后期也能令你更加容易变现。

快手用户重点在三四线城市

2016年7月,美团CEO王兴首次提出"互联网下半场"的概念,他指出,向三四线城市下沉将成为互联网企业获取用户红利的新趋势。在各大互联网公司抢夺各领域市场的浪潮里,先一步占据短视频市场头部的社交短视频"快手"和快速崛起的"抖音",成为其中的代表性产品。几乎也是从这一年开始,"南抖音,北快手"的说法开始在网络上快速流行,而两家公司总部同样落座于北京的短视频平台,也都绷紧了身体,在湍急的暗流中互相角力。

在运营战略上,两家公司选择的方向大相径庭,抖音自诞生以来就一直向用户传达着"精致""美好""时尚流行"的平台调性,"精与美的小资生活"被抖音年轻的都市白领用户表现得淋漓尽致。而另一边,快手则是依旧沿着其前身"快手GIF"开拓的下沉市场持续发力,以"拥抱每一种生活"作为主要宣传语,继续吸引着三四线及以下的县城、乡镇的小镇青年入驻平台。两款短视频产品的差异化定位,使快手、抖音的目标用户几乎涵盖了我国各地区热爱短视频创作的人。

随着快手、抖音、微视等众多短视频平台的发展,这种新的自媒体形式,逐渐开始替代电视台、纸媒,成为时下互联网最大的风口。在使用快手APP的用户中有人依靠它赚钱,有人则用它拿来消遣,但不论如何,快手以及其他短视频平台的出现与快速发展,非常迎合现代人的生活口味,在很大程度上也促进了一些人生活方式、娱乐方式的改变，让原本平静如水的生活变得丰富多彩。其中快手以真实的视角直击中年小市民群体生活之间的细节琐事，给予小镇青年在新媒体时代更多的发声机会，这让快手这款产品在三四线城市备受关注。

通过对下沉市场用户大数据进行分析，我们可以得出一些结论：相较于一二线城市居民，小镇青年收入一般；通勤时间较短；工作节奏轻松（很少加班），业余闲暇时间多；与一线城市相比，小镇青年的置业压力较小，故而消费意愿强；小镇青年70%以上的闲暇时间都在手机上消磨，这类用户最喜欢看的是搞笑段子（短视频或图文）。

对于小镇青年来说，大城市小资白领经常挂在嘴边的"综艺节目""才艺选秀""爱豆出道"反倒提不起他们太多的兴趣。因此不少快手的竞品总是拿"土嗨"来嘲笑快手用户的审美，可这群看不清或者说是根本看不懂下沉市场文化的产品经理，他们参与筹划并主导的项目在与快手、抖音抢夺市场时几乎全都折戟沉沙，据不完全统计，2016年仅在中国正常运营的短视频APP就多达上百款，其中半数以上的APP用户注册数量突破百万，可是到了2018年，具有一定用户基础，且还在坚持运营的APP只剩不到30家。数量超过七成的短视频平台在这场短视频行业下沉市场的抢滩登陆中"战死"。

截止到2021年下半年，还存活着且盈利明显的短视频平台已不到10家，快手和抖音成为短视频行业里的头部平台，快手网红更是在短视频网红收入排行榜里常年占据着前三名，如此一比较，或许就更能深刻地理解什么才是短视频用户所渴望看到的内容了。想要在快手平台做好短视频，就必须深入了解三四线城市用户的特点，投其所好。

快手运营一点通

> 当智能手机真正地向社会所有阶层的用户普及后，沉默的大多数，开始发挥自己的力量。那些正在崛起的小镇青年，他们才是未来短视频行业里消费的主力军。

本章操作要点总结

本章从快手平台的推荐算法出发，详细介绍了快手的文化、底层逻辑、特性、社交属性以及短视频行业现状等内容。作为短视频行业的前浪，快手的成功并不仅仅来源于团队的策划和运营，更与亿万用户、百万视频作者、超过一万影响力巨大的 KOL 有着密不可分的联系。当我们每天掏出手机点开快手 APP 时，我们就已经成了缔造快手闪耀成绩的参与者。

对于许许多多的老用户而言，他们曾跟随快手一起经历了软件版本的更新，平台玩法的转型，也曾共同见证了快手的辉煌。然而，不是所有玩家都能在快手上收获丰硕的成果，那些每天花费一个小时甚至更多时间刷快手的用户，他们也仅仅只是在精神层面上得到一些满足。而一些利用业余时间用心创作的人却已经靠着快手这个平台赚取了很多财富，成了一呼百应的网络红人。同样是普通人，为什么他们能在极短的时间收获大量粉丝？这当中除去运气成分，更主要还是依靠对平台规则的熟悉，以及对各种运营方法的掌握。本书会在接下来的篇幅中详细介绍快手达人成功的细节以及引流妙招。

…

第 2 章

前期准备：
做什么样的快手号，采取什么方式

或许很多老铁在浏览快手短视频时都发现了一个问题，几乎所有颇具名气的快手网红都有自己清晰的性格特征，能够给人留下深刻的印象。先不用急着纳闷，这是因为快手网红在创作短视频作品时普遍加入了"人设定位"，目的就是让用户对自己产生深刻的印象和好感，并且能快速记住自己。

对于一些不太关注互联网的用户而言，乍看之下"人设定位"这个词似乎很专业，很玄乎，但只要掌握了人设定位的核心逻辑，理解起来就非常容易。这一章我们将重点讲解如何在快手做好人设定位、采取什么方式做短视频等前期就要考虑好的问题。

差异化定位，用不同脱颖而出

移动互联时代，"定位"无处不在，任何一款应用在推出之前，都会想方设法了解用户的需求，做好自我定位。想要成为一名快手达人，从千万名创作者中脱颖而出，我们同样需要做好定位。对一些使用快手APP时间较长的玩家来说，如果留心观察，就会发现前两年很多收获几十万甚至上百万粉丝的快手账号如今已然停止运营，销声匿迹。

出现这种情况的原因有很多，但其中最主要的一点就是这些快手账号的创作者或者幕后的运营者在前期忽略了一个非常重要的问题，那就是内容定位，错误的定位导致创作者后期难以变现，继而对创作感到迷茫。变现困难，是所有技术娴熟的短视频达人都要面临的终极难题，想要解决这一难题，短视频创作者必须从创建账号时就开始提前做好准备，而做好定位就是前期准备里最重要的一环。

现在网络上很多课程和讲师都经常把"快手定位""垂直运营"挂在嘴边，但是真正能将定位解释清楚的却是少之又少。在快手平台，什么是真正的定位？为什么一定要做定位，不清晰的定位在后期会给自己造成怎样的后果？定位的核心是什么？老铁们只有彻底弄清楚这些关键问题，才能在短视频的变现道路上取得良好的"业绩"。

什么是定位

"定位"一词，最早出自"定位理论"，这是由美国著名的商业鬼才艾·里斯与杰克·特劳特于1972年共同提出的。他们认为，定位要从一个产品开始，这个产品可能是一种商品、一项服务、一个机构甚至是一个人，而这个人也许就是你自己。

而到了移动互联网时代，定位的概念逐渐变得宽泛。在快手，网红达人嘴里常说的定位用最直白的说法其实就是你在快手平台做什么领域的内容；或者说，在粉丝眼中，你是一个什么样的人，你给予了粉丝一种什么样的"人设"。

为什么要做差异化定位

首先，我们要明白差异化定位的概念，所谓"差异化定位"其实就是放大我们身上最明显的特色，让别人意识到我们在某个方面是独一无二的，这一点非常重要。只有当我们能够区别于其他人时，才能快速地被人们记住。例如，提起德芙巧克力，大家的第一反应是"口感丝滑"。之所以消费者会产生这样的反应，一切都要归功于品牌的差异化定位。

同理，作为短视频创作者，如果我们的特点不能让粉丝用精辟的语言表达出来，我们的名气就没办法深入人心，从而就不具备所谓的"特色"。在短视频行业，打造差异化的好处还有很多，除了让平台系统更容易在数据中区分你的内容有利于推荐以外，还能让用户快速了解到我们的差异化内容，从而获得用户的关注。

尤其是当下的自媒体时代，短视频创作者要做得与众不同是非常重要的，因为观众越来越追求新鲜感。因此，我们必须要有很明显的特色，只有这样才能够在别人心目中留下深刻的印象。

如何打造差异化定位

要想打造差异化定位，我们需要做大量的数据分析，在我们想发力的领域里找出自己与该领域达人的不一样的特点，且特点必须清晰明确，即使视频想要表达的核心内容与别的创作者十分相近，我们也要尽量从其他方面，如表演方式、剪辑方式上做出一定的改变。有读者可能会有疑问，在一些热门的短视频领域里，特点已经被人挖掘得差不多了，这时该怎么办？这就需要创作者发挥一定的想象力了，没有差异化，那就自己创造差异化。例如，同样是展现邻里生活，"老四的快乐生活"凭借一人饰演多角的出色表演，很快便在同领域的竞争中脱颖而出，收获百万粉丝。

在快手平台，只有不同，才能被需要，这也是创作者在做差异化定位时必须掌握的关键点。

快手运营一点通

纵观快手平台上各个领域的头部账号，好看的皮囊可以没有，但差异化的内容不可或缺。

自身优势是考虑定位的重要因素

在快手平台，有多个热门领域，如果每个热门领域都做精细分类的话，至少可以细分出上百种有趣的玩法。这些玩法本身的数量并不重要，重要的是我们应该清楚自己的优势是什么，如何将自己的内容输出方向建立在自己的优势之上。

快手账号的定位核心基于两点，一是保持垂直；二是不要轻易涉足自己不熟悉的领域，隔行如隔山，对于单打独斗的快手短视频的创作者来说，身后没有运营团队的指导和包装，想在一个自己完全不熟悉的领域立足是非常困难的，因为不同的领域都有其独特的内容，这些内容的精髓并不是创作者通过学习几篇攻略就能轻易掌握的。

而做快手，做的便是内容，其余一切策划都是为内容服务的。如果视频内容过于硬核，即便是小众或是冷门的领域，观众也会毫不吝啬地进行点赞、评论、转发。说到底，观众真正关心的并非领域，而是其内容本身。

因此身为创作者，我们不要刻意追求自己不熟悉的热门领域，从而忽略了视频的质量，这种舍本逐末的做法并不能让我们在快手平台上走得更远。很多完全不考虑自身技能，看到某个领域热门自己就跟着进入哪个领域的创作者，最终结果往往是白白浪费了时间和精力。

相信大家都听过"田忌赛马"的故事，田忌在赛马时所采取的策略简单来说用四个字就可以概括——扬长避短。田忌之所以能扭转败局，正是由于他清楚自己的优劣势分别在哪里，并做到舍弃劣势，发挥优势。

在打造快手账号时，我们也应对自己的自身状况做一个客观的评估，找出自己的优势，并将这种优势呈现给其他用户，同时保持内容垂直。垂直的目的，是给用户稳定性和期待感。稳定性就是保持一种内容的垂直，而期待感则是指在稳定性的基础上，给用户以新鲜、意外的体验。如果你想成为快手的超级红人，就必须要在垂直的基础上不断创新，满足用户的期待感。

快手运营一点通

快手创作者只有找准定位，确实目标，才能抓住核心，实现涨粉变现。

个人单干不如"抱团取暖"

很多初期做快手账号的老铁们都曾对"个人单干"还是"团队作战"产生过疑惑。事实上,想要做好短视频,一个人即便再有才华,他的力量也终究是有限的,如果想在快手平台上做大做强,在有条件的前提下,更建议与身边的亲朋好友进行团队协作。相较于个人单干,团队协作的好处有很多,其中最主要的一点是团队有精力做出更多的账号,并能够在多个账号之间建立连接,打通双方粉丝,提高彼此的价值,这种团队协作的方式被称为矩阵,已经被很多创作者实践且证明可行。

快手矩阵主要有四类,分别是个人、家庭、团队、MCN(经纪公司)。以下,我们结合快手热门账号来分析一下,矩阵的玩法和优势是什么。

个人矩阵:独立的快手号之间互相客串

在快手平台,个人矩阵是最常见的矩阵方式。相信很多玩快手的老铁都听过"我太难了"这句著名"快手梗",这句流行语的原作者是坐拥数百万粉丝的"giao哥",该梗在2019年被国家语言资源监测与研究中心评选为2019年十大流行语之一,此后这句"我太难了"被无数模仿者发扬光大。在众多模仿者中,"药水哥"的精湛表演无疑是最受欢迎的。

除了模仿这句"我太难了",药水哥还在直播和短视频中多次模仿giao哥的其他经典语录,并在发布的视频作品中@giao哥,表明自己的致敬。对于药水哥的模仿,giao哥并没有表现出丝毫的厌恶,反而通过众多粉丝的撮合,两人在线下还成了十分要好的朋友,一起同框有过合作,为快手粉丝打造出更有吸引力的CP

（Coupling，配对关系）设定。两人也从个人作战的方式转变为报团取暖，经常会在各自的作品中与对方隔空互动，并在标题里@对方。

2020年，giao哥和药水哥的身影同时出现在《中国新说唱》节目的海选现场，两位好友在一起合影留念。起初两人都笑得很开心，可是接下来的一幕，却让giao哥有些惊慌失措，就在二人努力摆pose的间歇，药水哥飞快地在giao哥脸上亲了一口。giao哥下意识地往旁边闪了几步，当他回过神看到药水哥大笑时，也跟着笑了起来，并重新走回镜头前，以迅雷不及掩耳之势亲了回去。这下，反倒让刚刚还在大笑的药水哥愣在了原地……两人的这波闹剧很快上了微博热搜。一时间，两人在快手上的话题也很热，一方面是粉丝好奇这两个说唱水平一般的网红到底能在说唱节目走多远，另一方面则围绕着两人组"CP"的话题进行讨论。可以说，这两个活宝的举动在快手上无疑产生了一次巨大的化学效应，让手机屏幕前的用户爆笑的同时，也达到了个人矩阵引流的目的。

另外，如果你在快手里已经具备了一定的粉丝，那么也可以凭借自己的影响力，给自己引流。例如，目前拥有4,700万粉丝的"爱美食的猫妹妹"，该账号是剧情类推广食品账号，出镜的猫妹妹在视频中各种"吃吃吃"，展现出可爱女生贪吃的一面。而小号"猫脑大的生活号"则记录了她日常生活中的一些有趣片段，给粉丝们展示了更为真实的自己。

猫妹妹作为个人IP，两个账号都有自己的垂直细分领域，大号在直播带货兜售零食的同时也能为小号引来不少粉丝，而粉丝们在看了小号里的猫妹妹日常生活后，也会对猫妹妹的性格、生活有一个更加清晰的认识和了解，从而喜欢上猫妹妹。

家庭矩阵：家庭自成矩阵或塑造家庭人设

快手号"容妈妈一家人"和"鬼哥"现实中是一对母子，业余时间，鬼哥用手机开始记录自己与老母亲轻松、诙谐的日常。在收获了一批粉丝后，鬼哥开始更加用心于创作搞笑段子，目前，两人在快手上的粉丝数量分别是55万（容妈妈一家人）和950万（鬼哥），这其中固然存在一些重合的粉丝，但粉丝总量不容小觑。

类似这种家庭矩阵（家庭人设）玩法的，还有更为有名气的"祝晓晗"，目前粉丝数已突破1,900万，视频内容背景设置为家庭场景，常以父女（人设）之间发生的各种搞笑故事为主。不过不同于"容妈妈一家人"和"鬼哥"，祝晓晗的标签和人设感明显更为突出。

在祝晓晗的作品里，女儿晓晗的人设是单身、吃货、蠢萌；而爸爸"大纯"的标签则是有爱、善良、努力工作、爱欺负女儿、怕老婆；而"老妈"这个角色是后来引入这个"家庭"中的角色，通常以画外音的形式出现，她的定位是彪悍、霸道、真正的一家之主。

在祝晓晗火了之后，几乎在她的每条视频标题里，都会@另一个账号"老丈人说车"，视频内容主要是讲述蠢萌女儿祝晓晗与老爸之间的学车故事。虽然"祝晓晗"和"老丈人说车"这两个账号都是围绕父女之间故事发生，但视角不同，前者是女儿视角，后者是父亲视角。两种视角的切换，给粉丝增加了更多新鲜感。

团队矩阵：将垂直进行到底

除了个人、家庭矩阵当中不同账号间的客串助力，打造画风一致的系列账号则是团队矩阵中最明显的一个特色。

团队矩阵中比较典型的成功案例是"文弘音乐"。据统计，文弘音乐旗下共有超过15个快手号，这些账号的持有者在每部音乐作品中都力求画风保持一

图2-1 "文弘音乐"快手矩阵

致，使用深色背景，搭配同款立麦，不同的歌手唱不同风格的歌，但所有的账号名称都统一标注"（文弘音乐）"，见图2-1。除了旗下风格各异的达人，他们还有一个官方账号"文弘音乐官方"，目前粉丝数量达到211万。"文弘音乐官方"账号中很多视频都是一个4宫格，由四位风格迥异的抖音达人演唱同一首歌曲，通过剪辑拼接到一起，呈现出对同一首歌不同的演唱方式。

这种团队矩阵运营可以极大地提升品牌在平台上的曝光，公司品牌借此在旗下每个快手账号中刷到了存在感。由于文弘音乐旗下歌手风格不同但对外呈现方式一致，用户在刷到一个视频后，可能会按头像搜索找到其他账号，可能是通过相似的名称搜索，也可能是通过其他歌手在评论区的留言搜索。

MCN矩阵：新网红运作模式

MCN矩阵是一种新的网红运作模式，这种模式将不同的类型和内容的PGC（专业生产内容）联合起来，在资本的有力支持下，保证内容的持续输出从而实现商业的稳定变现，MCN类似于网红的经纪公司，比如早前知名的网络红人papi酱，她的背后就有MCN机构在全力运作。

而在快手上，MCN矩阵也被很多经纪公司运用得炉火纯青，以"仙女酵母"为例：这个账号曾在一个月内涨粉30多万，人气最高时粉丝数量突破500万，人设是"接听三界电话的仙女"，顶着一头精致的卷发，会穿着复古宫廷风的长裙，带各种华丽的帽饰。

我们可以看到，在"仙女酵母"的视频中，时常会出现同一MCN旗下的其他账号，例如以用书本解答问题的吸血鬼伯爵为人设的"猫舌张"、以日常和魔镜对话的女王为人设的"Yuko和魔镜"……

这些账号拥有相似的魔幻画风和设定，通过这种不定期的互相客串，讲述了她们之间"塑料姐妹花"的故事。在互动的过程中，粉丝基数更大的账号"仙女酵母"会给其他两个账号起到导流的作用，由此形成内容矩阵。

矩阵玩法优势：打不过就加入

随着快手账号运营逐渐精细化，矩阵号的玩法也在逐渐增多。矩阵虽然谈不上是成为网红的必经之路，但至少也是一条通往网红道路的捷径。同样做快手账号，在别的用户选择团队作战时，我们为何还要独自苦苦支撑？既然矩阵方法能够增加曝光率和起到引流的作用，不如趁早拉个圈子，依靠矩阵运营吸引更多的流量。

快手运营一点通

> 矩阵是快手运营中的高端玩法，要求较高的内容生产能力和流量资源基础，虽然不一定适用于从零开始的老铁们去打造，但是能够形成快手矩阵的账号都是有相当成功的运营经历的，值得快手创作者们关注和学习。

刚开始就要考虑好后期如何变现

现在很多个人或企业做快手，都是抱着变现的目的去做的，但仅有目的是不够的，还要有方法。无论你是电商转换平台、实体店老板自我宣传、知识变现，还是打造网红接广告，都一定要提前想好自己将来的变现方式。只有当我们在确定好变现方向的前提下，才能更好地确定内容方向和风格，继而写出脚本进行拍摄。

目前，快手常规的变现方式有四种，我们要根据自身的情况来选择变现的方式。

常规的电商变现方式

对于常规电商来说，你所创作的短视频内容应围绕着你的产品，由于快手官方并不支持在视频内出现"硬广"（直接介绍商品、服务内容），因此我们最好不要一上来就直接在视频里露出品牌，而是想一些讨巧的办法，例如将自己的产品以道具的形式融入视频场景中。

知识付费的变现方式

做知识付费，你必须要在视频中能够给大家展示他们所需要的知识。举个例子，假设你的目的是推广自己的短视频培训课，那么你在创作短视频作品的时候就必须插入一些自己平时如何玩快手的心得、经验，分享一些让人听了之后感到有价值的内容，这样才有可能吸引到对此感兴趣的观众私信你购买付费课程。可如果说你是做知识付费的博主，但你日常发布的短视频作品却是和猫狗宠物有关，就不大可能会有人来你这里买课程。所以，你要通过你最终的变现方式来决定你应该产出什么样的内容。

网红达人接广告变现方式

当我们拥有一定的粉丝基础后，也可以通过接广告进行变现。如果留意观察，我们可以发现，目前快手上靠接取广告费赚钱的网红，大部分都是游戏、颜值、搞笑段子领域的创作者，这些作者没有自己的产品，也没有任何领域的知识产出，但火了以后凭借巨大的粉丝流量也能轻易从品牌商那里接到宣发任务。

不过，有一点需要注意，即便是接广告，在有选择的情况下最好去接一些符合自己人设的广告，例如你是游戏技术的大神，那么你完全可以去接一些手机、电脑外设装备的广告，这样即能变现，又不会影响自己的人设。

常规的实体店变现方式

目前，通过在快手平台发短视频把自己的店铺做成"网红店"的博主非常多，这是因为实体店铺不仅有商品，而且还有场景。有些人直接将摄像头对着收银台或者门口进行拍摄，实体店铺每天陆陆续续光顾的顾客有很多，也总是能遇到一些有趣的人和事，创作者会将自己遇到的好玩的经历剪辑、发布出去，在收获粉丝的同时又能为自己的店铺做宣传，可谓一箭双雕。

作为短视频博主，对于是否能够变现，主要还是看自己在快手平台的影响力，如果自己的粉丝数量足够多，就不担心产品卖不出去，哪怕自己没有产品，即便是做做广告，也能收获一笔不菲的费用。

快手运营一点通

> 互联网经济时代，流量就是金钱，只要未雨绸缪，学会合理运用流量，变现根本不是问题。

账号名字让人一看就忘不了

当你对快手短视频的内容定位有了清晰的认识之后，接下来便要考虑给自己的快手账号起一个好名字。很多快手创作者在起名时都很"痛苦"，绞尽脑汁想出的名字要么与自己的定位偏差过大，要么就是名字缺少一点"感觉"。其实，快手账号的起名是有一定技巧的，参考以下几点起名小诀窍，你很快就能想到一个既满意又能方便涨粉的好名字。

不要使用大众化的昵称

我们在给账号起名字的时候，首要一点就是不要用过于大众化的名字，比如很多女生在起网名时首先会想到"小仙女""小可爱"这些使用人数较多的昵称，但在快手平台，这样的名字基本与"游客名"画等号，让人一看只会以为你是来快手观光的玩家，而且这样毫无特色的名字也很难被人记住。

昵称要个性、好记，不要用生僻字

昵称一定要有个性同时很好记。很多创作者在起名字的时候为了凸显自己的个性，常常会选择一些生僻字加入昵称里。这样做会在不经意间给看到你的用户增加模糊感，这是非常不利于涨粉的。

不要怕自己的昵称新奇

当我们避开了以上两点再去起昵称的时候，给我们的选择已经不多了，这个时候再去追求个性，起的昵称通常会比较"奇怪"。别担心，只要你起的名字好听就可以了。例如快手达人"赤酱"，对于很多不了解日本文化的人来说，第一次看到这个名字都会感到困惑，甚至一些上了岁数的人还会下意识地认为这是不是一种新出的"大酱"。可当"赤酱"在快手爆红以后，快手平台上很快便出现了各种后缀带"酱"的昵称。所以，新奇的昵称往往也能成为一个记忆点。

昵称不要过长

当前 9.5 版本的快手，系统规定名字长度最多可以使用 12 个汉字，但并不建议取这么长。通常而言，账号昵称不宜过长，最好不要超过五个字，三到四个字的名字更佳，如果有非常合适的两个字的名字也可以使用。相较于动辄七八个字的长名字，较短的昵称则更容易被人记住。

想做好一个快手账号，昵称真的很重要，昵称背后所代表的是你的人设，所以在做快手之前，一定要起一个符合自己定位的名字。另外，快手在昵称更改这一块做得也是非常人性化的，快手账号每周都有两次免费更改名字的机会，这种随时随地都能改名的好处是显而易见的，无异于给了创作者们更多试错的机会——感觉昵称不好听？随时改。感觉昵称不符合自己的短视频定位？随时改。每周两次改名机会，直到名字改到满意为止。虽然快手平台昵称更改起来很方便，但笔者依旧建议各位老铁起名一定要慎重，最好在账号前期刚开始发布作品的时候就确立一个长久的名字。否则，名字改来改去，有可能给关注你的粉丝造成困扰。

> 快手运营一点通

> 快手账号取名是一门学问,一个好的昵称往往能取得意想不到的效果。

本章操作要点总结

在本章中,我们重点讲述了快手定位、人设、IP之间的联系以及如何塑造IP形象和找准定位。对于短视频创作者来说,在快手建立账号发布第一个视频作品之前就需要想好采用何种人设以及昵称。短视频行业的人设与影视剧里塑造出来人物的人设不同。它们的区别在于电影很少有所谓的"本色出演",对于更多的演员来说,他们通过荧幕展现给观众的是依靠"演技"对于角色的完全塑造;而快手上的网红的各种人设则透露出一部分的真实。

快手中的人设并不完全是靠剧本和策划编撰出来的,在大多数KOF的作品中,都保持了自己生活中真实存在的一面。这与很多网红非科班出身,无法打造出完全的人设有一定的关系,但更主要的是,快手网红注重的是"老铁"的身份,他们更愿意在视频作品里将心比心,分享人生感悟,又或者是自己非常熟稔的某种技艺,比如唱歌、游戏、厨艺、手工等。因此,在人设的塑造环节,很多网红愿意将自己喜爱的元素进行加工后投放到作品里,借此与其他人分享。这种对自己爱好的展示就是创作者内心希望在快手中建立的人设和定位。

这一章中,我们也提到过当创作者确立好自己的人设之后,就不要轻易地去否决改变,因为只有长久稳定地坚持塑造一个人设,才能让用户逐渐在脑海中对你形成一个清晰的形象。因此,在确立人设之后的持续输出内容的选题策划当中,一定要充分考虑视频的内容，如何在吸引用户观看的同时还能展现出符合我们的人设。做快手，无论进入什么领域，都应该从始至终保持相应的内容垂直，通过持续内容输出与人设高度一致的视频，不断加强粉丝对于人设的印象，继而增强粉丝黏性。

第 3 章

选题策划：
让快手短视频具有"爆"的潜质

想做好快手，自身必然要拥有强大的内容生产能力。这种输出能力不仅要有内容产出，还要让内容生动有趣。绝大多数的快手爆款视频看似偶然，其实都与选题策划存在密切的联系。挖掘内容选题，是打造快手爆款视频的核心。

熟知快手的几大热门领域

快手覆盖的内容领域日益广泛，因此，各位老铁在入驻快手平台的时候不能过于草率，最好也不要单纯地根据个人偏好来确定账号的运营方向，而是结合快手平台容易上热门的八大领域（见图3-1），再考虑接下来如何去做视频内容的选题。

搞笑　　情感　　美食　　动漫游戏

农村生活　　运动健身　　宠物　　颜值展示

图3-1　快手最容易上热门的八大领域

搞笑类

在几乎所有的短视频平台上，幽默搞笑类的短视频都非常受欢迎。搞笑短视频的创作便捷之处在于该领域的创作空间较大，自由度较高；困难之处则在于创作灵感容易枯竭，竞争压力比较大。拍摄搞笑类短视频并不需要投入太多的时间成本，但能否产生搞笑的效果是不确定的。在快手上比较流行的搞笑方式主要包括造型模仿、改编热门段子或自创搞笑对话等。通常情况下，原创性越强，创作难度越大，但也更容易在同类短视频中脱颖而出。例如快手达人"疯狂的小杨哥"，是快手平台比较有名气的搞笑段子网红，作为位列头部的网红，他的作品主要是与家人互动的搞笑日常。

情感类

快手上有很多情感类短视频，此类视频一般会有两个或以上的剧情反转点，接地气生活化的段子结合表演，有生活气息，引起观众的共鸣，能表达丰富的人设。快手达人"涂磊"就是情感类短视频创作者中的佼佼者，他的作品大部分都是解读家庭关系、婚恋爱情方面的短视频。在快手浏览过涂磊节目的用户，几乎都会被他的个性魅力所征服，他在分析问题的时候往往能一针见血地找到问题的症结所在，将问题分析得头头是道，言辞非常犀利，不留任何情面，也因此在快手收获了不少粉丝。

美食类

美食类短视频一直是快手上的热门领域。2020年8月，快手平台曾经对大胃王类的短视频进行整顿，如今的快手上美食类短视频有了很大的提升，特别是烹饪教学短视频变得非常受欢迎。快手美食类短视频相对于其他平台的美食类短视频显得比较"洒脱"，在快手上我们经常可以看到许多在林间或河流边现做现吃的美食类短视频，虽然画面不是很精致，但是对很多用户产生了较大的吸引力。

例如，快手美食创作者"农村会姐"拍的短视频就很接地气，她拍的美食视频没有豪华大气的外景，也没有虚假的语言套路设计，完全是真实的场景，表现出了农村美食家的勤劳与纯真，引起了用户的共鸣。

动漫游戏类

快手上动漫游戏类短视频的主要受众是"00后"。在游戏领域中,《原神》《王者荣耀》《绝地求生》等时下热门游戏的相关短视频最受欢迎。动漫游戏类的短视频有的是做游戏教程、技术讲解，有的短视频创作者则选择模拟游戏角色造型或妆容。动漫类短视频拥有很大的创作运营空间。

快手短视频创作者"荣耀张大仙"就是这个领域的达人，他主要做的是游戏教程、技术讲解、高端局解说方面的短视频，目前粉丝数量已经突破 2,400 万。

农村生活类

由于快手拥有较多的下沉人群用户，因此农村生活也是快手上的热门创作领域之一。该领域的优势在于创作者不需要花费很多的心思去琢磨剧情或者购置设备，只要让画面保持真实、自然即可，过多的琢磨反而会让短视频内容失去吸引力。

快手达人"农民黑哥"所创作的短视频都是原汁原味的真实农村生活，包括讲解耕地知识、种植技术等农业相关的短视频作品，内容真实又能吸引用户的关注。

运动健身类

据 2020 年快手年度报告指出，快手用户对运动健身领域关注度极高，其中篮球、台球、健身、格斗等运动项目在快手上很受欢迎。"王孟南台球教学""路人王篮球""罗跃飞"等博主都是运动健身领域的佼佼者，这些账号所发布的内容也都与自己的领域息息相关，非常垂直。

宠物类

宠物领域在快手上也是一个十分热门的领域且短视频创作难度也不高。猫、狗是宠物类短视频常见的主角。快手账号"王泡芙"仅通过 200 个短视频作品就收获了超过 1,900 万的粉丝，平均算下来，一个视频就能涨粉近 10 万。

颜值展示类

同搞笑类短视频一样，颜值展示类短视频在任何短视频平台上都很受欢迎。俗话说得好："爱美之心，人皆有之。"人们对"美"的向往是与生俱来的，无可厚非。对于长相出众的人来说，颜值高就是他们最大的优势，既然是优势当然要好好运用，而且总体来说，颜值类短视频制作起来相对比较容易，只要找对拍摄角度，将出镜者最美好的一面展现出来即可。再适当配合一些美颜滤镜，想不火都难。

除了以上八个领域，快手平台上还有潜力很大的领域，例如励志正能量、旅行攻略分享、化妆技术传授等。想要入驻快手的老铁们可以结合自己的实际情况进行挑选。但需要注意的是，短视频的每个领域都有其独特的玩法，如果自己对这些玩法并不是很了解，就别贸然进入这个领域，以免耗费过多精力却得不到满意的回报。

快手运营一点通

如果创作者有能力的话，可以找一些比较热门的领域来做，这些领域的关注度高而且长久，比较容易做起来。

不能闭门造车，要多看爆款视频

在快手平台，想要打造爆款视频绝非易事，有很多"勤劳"的创作者几乎每天都会更新作品，但粉丝数量增长很慢，用他们自己的话讲就是"红不起来"。这些进退两难的创作者大多入局时仅仅凭借一腔热血便注册了账号，开始花费时间录制自己的第一支短视频，可对于如何拍好一支视频却没有一个清晰的想法。这种无计划的投入所带来的回报几乎微不足道，在快手，无心插柳柳成荫的创作者毕竟是少数，实际上，绝大多数你能叫得出名字的快手红人在进入这个平台之前都是"蓄谋已久"。只有在创作之前算无遗策，才能在行动中攫取最大的利益。

或许有的老铁会问："经验不是摸索出来的吗？之前也没玩过短视频啊，哪来的运营经验？"其实，自身没有经验，我们可以通过已经在快手上小有名气的红人身上学习经验，多花些时间观看红人们的作品。除了视频内容，还应仔细观察研究对方所采用的文案。向那些点赞量过万的视频虚心学习并分析视频爆款的原因。并且可以设想一下，如果相同的内容，自己翻拍的话能否达到类似的效果。这种对快手红人透彻分析的行为其实就是一个帮助你迅速积累经验的过程。

在快手上，如果一首音乐或是一段舞蹈火了，立马就会有无数用户进行跟风翻拍，这种翻拍从本质意义上并不属于照搬抄袭。如果仔细观察，我们可以看到一个有趣的现象，有些翻拍的作品甚至要比原作者还要有趣，这就是快手的魅力所在，同一个段子在不同的玩家手上创作出来，可以拍出不同效果。无数人翻拍同一个段子，为什么有的能火，有的则无人问津，这些不同都是需要玩家们去琢磨分析的。

对于想要入驻快手的老铁而言，一定要养成分析同行的习惯，学习同行的内容和文案，研究同行的引流方法与变现模式，随时利用大数据平台监控同行的数据等等。古语有云："知己知彼，百战不殆。"不管什么时期，闭门造车都会被淘汰，尤其是做互联网项目。在互联网行业中有一句名言："你可以不做第一个吃螃蟹的人，但一定要做第二个。"这句话听起来似乎有些被动消极，却是很现实的行业智慧。以快手为例，很多内容并不是谁最先做了，谁就一定能博取更多的粉丝关注。

例如快手里"保洁阿姨秒变集团董事长""总裁送外卖被不知情的下属侮辱""富家千金假装穷人试探男友"等情景短剧，早就被人翻拍过几十遍，很多跟风翻拍的创作者再翻拍时都会加入一些自己的创意，改编之后的短剧也往往能比原作者收获更高的点赞量。

快手的玩法很多，绝不止于翻拍一条道路。在众多玩法当中，有些操作起来十分简单。例如以 PPT+ 热门音乐构成的情感语录或者书单，这类视频创作简单，往往只需要一张或多张图片配上一小段文案即可，对于新玩家来说容易上手，最早做的一批玩家，一人操作几个号，早已赚得盆满钵满。不过，目前这种形式的竞争也非常激烈，想要制作这类的作品，需要足够的新意才能收获点赞和关注。

除此之外，一些不需要真人出镜的玩法还包括手工制作、运镜技巧、风景分享、宠物日常、搬运解说等方式，这些玩法通常只需要配合语音解说和字幕即可，对于一些不想以真面目出镜的老铁来说，制作这些类别的视频再适合不过。

但如果你天生对表演有强大的欲望，而且面对镜头时不虚，那么可以涉足的领域和玩法将更多，即便身后没有团队的支持，仅靠自己单打独斗，只要选对领域，也能比一般的创作者收获更多粉丝。在快手，素人晋升为网红的案例很多，真人出镜虽然操作难度大，但如果坚持拍摄，这类视频的收益期限还是很长的，并且回报巨大。

短视频领域的玩法众多，在快手，你几乎可以看到所有你能想到的内容，同样，在严守作品底线的同时，你也可以发布任何你想发布的作品。对于个人创作者来说，如果你拥有一份朝九晚五的正式工作，想要利用每天的业余时间在短视频领域发展出副业，那么在进入快手前，请务必做好一切"软硬件"的准备，多学习同领域网红的文案和玩法，争取让自己少走弯路。

快手运营一点通

模仿是创造的第一步，正确的模仿，是在学习别人的长处之后，可以弥补自身的不足，而非完全去复制别人的成果。

掌握"蹭热点"的技巧

快手账号快速吸粉的方式大致有三种：一是花钱上热门，当然这得资金雄厚才行；二是创作优质内容，填补平台内容空缺；三是蹭热点。

由于前两种方式需要的资金和创作门槛都比较高，普通短视频创作者很难做出来，因此不少创作者都将目光锁定在第三种方法上，即蹭热点。毕竟在流量当道的时代，谁能抢到用户的注意力，就意味着在流量上已经抢占了先机。

在蹭热点之前，我们首先要清楚地知道什么是热点。一般情况下，热点可以分为三种：常规热点、突发热点、预判热点。

常规热点

常规热点就是一些比较常见、会定时出现的热门话题，例如每四年一届的世界杯、奥运会等大型赛事活动。我们可以根据历年来这些热点关注度及话题，提前对内容选题进行筛选预热，等待时机准时发布。

突发热点

突发热点指的是生活中不可预测的突发事件，这类热点的形成比较突然，例如某个国家或地区的严重自然灾害，又或是娱乐圈突然爆出的内幕消息等。由于这类热点的持续期很短，因此想要蹭这种类型的热点，相对来说难度比较大，但并不是无计可施，只要创作视频的速度够快，还是能在热点降温之前收获一大批流量的。

预判热点

预判热点对内容创作者的要求更高一些，预判热点是除突发热点和常规热点之外，可以人为进行预测的一些热点。比如，在某部电影上映之前，我们可以通过对受众群众及话题本身热度的分析，预测这部电影是否会成为大家高度关注的话题。

当我们了解并清楚热点的概念后，我们需要思考的便是如何在众多的热点中蹭到热度和流量。作为创作者，我们要明确一点，蹭热点的主要的目的是将自己的内容传递出去，让更多的用户了解自己的短视频账号，让更多的用户记住账号的特点。在蹭热点之前，一定要确定好自己账号的定位，如果自己的账号定位不明确，即便蹭热点也没什么效果。因此，蹭热点一定要结合账号本身的细分领域定位，将热点事件与账号定位紧密结合，制作出新的热点创意视频，而不是简单地复制粘贴。如果当一个热点事件出现时，我们能稍微加入一些创新元素，并且在内容制作时结合自身特色，做出的短视频个性鲜明，那么蹭热点这件事儿，多半是成了。

借助热点话题创作短视频是快手短视频众多运营方式中的一种，也是每位创作者的必修课。作为创作者，切忌不要为了"蹭热点而蹭热点"，而是应以保证账号定位的严谨性为前提，找到正确的热点结合方法，只有这样才能最大限度地达到蹭热点的效果。另外还需要注意的是在利用热点话题时，要尽量保持客观，在热点事件定性之前，不要盲目站队，一味以自己的主观判断来引导用户，避免后续事件发生反转时，粉丝对我们的言论产生厌恶感。这不利于建立我们与用户之间的信任感。

快手运营一点通

所有的热点事件都具有时效性，若想蹭某个事件的热点，就必须加快速度，缩短创作周期，不要等到事件的热度过了之后才发布视频。

视频选题要"形散而神不散"

"形散而神不散",原本是用来形容散文重要特点的一句话。所谓"形散",主要指素材(散文)的取材十分广泛自由,不受时间和空间的限制。除此之外,形散还指其表现方法不拘一格,组织材料,结构成篇也比较自由。而"神不散",则主要是说其要表述的中心思想明确而集中。举个生活中的例子,当你运用圆规画圆时,不论你画多大总要绕着中心点转。散文中的"神"就是圆心,"形"就是画圆的过程,即文章内容要为中心思想服务的意思。事实上,不仅仅是散文,在很多文字形式上都有这种要求,这其中就包括短视频的选题。

短视频选题策划也有"形散而神不散"的说法。"形散"主要表现在材料的选用、材料的组织和表达方式的运用这些外在的形式上;而短视频的"神不散"是指视频内容的思想感情和主题必须是聚焦一点的。短视频的"神"是内在的,它是每位创作者的创作意图,也是每支短视频的不可缺少的灵魂。

作为短视频创作者,我们在策划选题时需精于立意、善于构思、巧于布局、明于断续。短视频最大的特点就是内容短小精炼,因此我们除了在选材时要去伪存真,合理布局,更主要的是在拍摄上注意断续的技巧,从而使拍出来的短视频形散神聚,结构自由,或曲径通幽、含蓄蕴藉,或直抒胸臆、淋漓尽致,或浓笔重抹、一唱三叹,或信手拈来,如话家常。

一些短视频选题策划人,经常采用以下三种方法来进行构思。

镜头组合法

创作者紧紧围绕视频的中心思想或自己的情感,选取几个具有典型性、形象性、连贯性的特写画面,精雕细琢,认真描绘,强化细节,深入挖掘,提炼其表情达意的共同点，议论引申，不断深化。这种构思的好处是：意象鲜明，形象性、可视性强，选取的镜头能从不同的角度、不同的层面表现创作者的感情，选材广，表现力强。

反复咏叹法

创作者在明确了短视频的立意或感情基调后，要围绕它们，从不同的侧面、角度、层次入手，把其分解成一个个镜头表述虽然不同、但内涵却基本相同的小论题，各自独立成段，在此基础上，反复咏叹，不断强调。这种构思的好处是，思路清晰，主线清楚，短视频立意鲜明，中心突出，易于引起观众的感情共鸣。例如快手达人"疯狂的小杨哥"，在很多期短视频里都抛出了"绝望周末"的概念，创作团队围绕着"绝望周末"这个主题，通过无数的情景疯狂整蛊小杨哥，令粉丝爆笑的同时，也加深了粉丝们对于"绝望周末"这个视频主题的印象。

蓦然回首法

短视频中不直接点出自己赞美（喜欢）的对象，不径直表明创作意图，而是欲进先退，欲明先暗，故意左顾右盼而言其他，待到关键之处，自然引出赞美（喜欢）的对象。物物相因，环环相扣，节外生枝，枝外有节，于事情发展变化中见出起伏，在一张一弛、一起一伏中凸现短视频作品的中心。

我们只要掌握了"形散而神不散"的技巧，就不怕策划不出爆款快手短视频作品了。

快手运营一点通

很多人在做快手短视频的时候，总能接触到"选题"二字，但并不理解快手选题是什么，就直接忽略过去了。这种做法是错误的，拍摄视频之前，一定要对即将拍摄的视频有内容规划，才能顺利地完成后续的工作。

选题要有故事性，引发共鸣和参与

不少短视频创作者在运营初期都对一个现象产生过困惑："明明视频的内容差不多，自己发布的视频数据惨淡，而同类视频却异常火爆。其中的差距为何如此之大？"归根结底，这是因为你在视频中讲述故事的技术过于平淡，没有亮点，这种中规中矩的作品在当下竞争激烈的快手平台很不占优势。

想做好短视频，在内容选题这块要讲究"故事性"，但是故事性这种抽象性比较强的概念，很多时候只可意会不能言传。因为大家选题的角度和侧重点都不相同。但是，通过总结分析那些爆款视频，我们通常会发现，这类视频的选题内容一定非常新颖且吸引人。比如快手上那些粉丝数百万的头部大号，像"办公室小野""老四的快乐生活""无敌小小豆"等等，这类账号有一个共性就是内容新颖，别具一格，并且镜头下的"故事感十足"。尽管这些网红的创意、视频特效很难模仿，但我们依旧可以通过视频去学习他们选题的思路和如何通过短视频讲好一个故事。

想要讲好一个故事，我们首先要了解用户的真实需求，在前期选题过程中要抓住用户的需求，要明白用户想看什么。闲暇时，我们可以逛逛时下比较热的论坛、网络社区，参考平台近期的热点事件和话题，了解一下网络用户正被哪些问题所困扰，这些问题的解决方案正是用户们的需求，也是用户希望能从自媒体短视频里看到的内容。

只有当我们真正了解到用户的内心，并且围绕这些问题展开故事创作，我们所创作的短视频作品才更能引起人们的关注。当然，解决用户痛点也仅仅只是讲好故事的前提。故事想要讲得好，还必须生动有趣，至少有让人看完的冲动。随着PR、剪映等剪辑应用软件的普及，越来越多人走进短视频这个圈子，让后进入短视频行业的创作者想要讲好一个故事的难度越来越大。如果我们在故事的创意上拼不过其他人，不如就在作品的其他方面下功夫。例如，在视频作品中加入一些热门的图文（可以是表情包或者有趣的梗），当我们讲述到某个地点的时候，还可以放一些关于这个地点的照片或是视频，这种简单的画面调动，常常能带来意想不到的效果。

此外，除了故事性，我们还可以在作品中适当加入一些互动的元素，以提高观看者的参与性。无论是快手还是抖音，互动性高的视频点赞量往往高于其他作品。与用户互动也有技巧，我们可以在作品中插入一些跟观众求助的画面，例如职场面试过程中遇到严厉的面试官时应该如何应对；又或者加入一些吐槽的话题，比如盘点一些生活中常见的不公平现象（可以是插队或者索要回扣等），引发观众集体吐槽。快手上坐拥2,300多万粉丝的"陈翔六点半"就经常在视频中引入一些"槽点"，让观看视频的用户也忍不住要跟着吐槽几句。

当然，想通过短视频把故事讲得好，并不止于以上几种方法。作为短视频行业的初学者，要学习的知识点还有很多，未来的路并没有想象中的那样好走，想在快手平台闯出名堂，开直播间吸粉带货，前期一定要保持好心态，无论作品数据如何，务必坚持谦虚谨慎、戒骄戒躁。在短视频这个赛道上，想要做到顶流的位置，唯有加倍付出努力，才有机会迈上发展的新台阶。

快手运营一点通

从长期来看，做好短视频一定要提前做选题内容规划，这样更容易出精品，也更容易吸引精准用户，提升用户的黏性。

把握好快手短视频投放的时间

快手上很多创作者和运营者对作品的发布时间都不是很关注,但是事实上,通过对快手众多达人的数据分析,可以得出这样的结论,发布时间也是一个能够影响播放量高低的很重要的因素。找准短视频的最佳发布时间,播放量可能要比平常要高出一倍,甚至几倍。

那么,在快手平台究竟哪个时间段发布视频的效果会更好呢?

从每周发布时间来看

大数据显示,在一个自然周内,快手创作者每天发布视频数量相差并不太大,周末没有明显增长。

与大众表现稍有不同的是,周日创作者表现稍显"懈怠",发布视频数量仅高于周一。

高粉创作者倾向于周五、周六发布视频,低粉创作者时间则没有明显差异。

创作者在周三、周五、周六发布的视频更容易收获点赞、评论互动。其中,周三发布的视频收获评论占比稍高于点赞,而周五、周六发布的视频收获点赞占比更高。

不同粉丝层创作者发布视频收获的点赞、评论两项互动指标趋势相差并不太大,但不同粉丝层互动时间偏向的都大不相同。

此外,快手粉丝超过100万的创作者在周五、周六发布的视频更容易收获互动,在周五收获点赞的份额高于评论。

从每天发布时间来看

无论是工作日还是周末,创作者发布视频高峰期一般都出现在中午(11:00—12:00)和傍晚(17:00—19:00),其中傍晚时段创作者表现更加活跃;与周末相比,创作者在工作日 17:00—19:00 发布视频数量更多;无论是工作日还是周末,不同粉丝层创作者发布视频的高峰期与快手整体相差不大。

其中,不同粉丝层在中午表现相差较小,但在傍晚粉丝量越高的创作者,发布视频数量占比更高;而值得注意的是,粉丝超过 100 万的创作者,在工作日 17:00—19:00 内发布的视频数量接近全天总量的一半,份额比周末同时段高出 10 个百分点。也就是说,无论是工作日还是周末,由于碎片化时间多,在 17:00—19:00 发布作品更容易收获互动。另外,中午 11:00—12:00 的视频表现也不错。

从作品领域发布时间来看

6:30—8:30 是晨练健身、正能量、心灵励志领域创作者扎堆发布视频作品的时段。在这个时段浏览快手的用户要么是刚睡醒准备起床吃饭,要么是在上班的途中,很多用户会选择在这个时间段浏览快手。

11:00—14:00 这个时段,发布视频的品类则多倾向于幽默小段子、美食、生活小技巧,这个时段很多职场员工和在校学生都会到食堂、餐馆排队等餐,不少人会利用碎片化的时间翻看短视频、微信以及微博。

17:00—19:00 的时段则适合发布心灵鸡汤、美食、萌宠等领域作品。

21:00—23:00,这个时段人们普遍已经躺在被窝里准备睡觉,而在临睡前刷刷视频也逐渐成了互联网用户的习惯。理论上,这个时间段适合所有领域的创作者发布作品。不过,从快手官方公布的大数据来看,游戏、影视、综艺八卦等泛娱乐领域的视频作品在夜间更受用户欢迎。

> **快手运营一点通**
>
> 根据快手大数据分析视频类型和发布时间，我们可以清楚地知道没有最好的发布时间，只有合适自己作品的发布时间。事实上，快手短视频运营是一件"细致活"，同时也是一件有计划的事情，如果没有足够的准备，做起来会非常困难。

本章操作要点总结

本章重点介绍了有关快手短视频选题的策划以及注意事项。做快手，就是做内容，平台需要优质内容，用户也乐于见到优质内容，而做优质内容的前提便是拥有一个优质选题。什么是优质选题，相信各位读者朋友在阅读本章后脑海里多少已经有了一个大概的想法，在不同领域，优质的选题各不相同，但本质上脱离不出两个核心点——有趣、有用。要么就是你的选题所拍出的视频能让观众哈哈一笑，要么就是观众能够从你的作品中学到一些知识，这种知识并非局限于手工类或是技巧类领域，也可以是文学、交通规则、冷知识，甚至是能让人会心一笑的脑筋急转弯问答。

很多玩家在拍摄快手作品时，总是喜欢在旁枝末节上大费周章，从而忽略了对于选题以及内容的精益求精，这种舍本逐末的行为并不可取，应尽早改之。

第 4 章

爆款文案：
做出让人尖叫的快手短视频

一个制作精良的短视频作品若是没有优秀文案的支撑,那么最终的视频播放量至少也要减少三分。这就是好文案的作用,尤其是当视频作品不出彩的情况下,好的文案极有可能让你扭转乾坤;当视频本身足够出彩时,好的文案更是锦上添花。

感动用户的不是文字，而是感同身受

对于快手上的爆款视频，平时大家研究更多的是视频本身的选题、拍摄手法、剪辑技巧、演技水平、配乐等方面，正是这些因素巧妙地组合在一起，才能使一款视频爆火。不过，除这些因素外，还有一个很关键的点，那就是快手短视频的文案。有时，仅用寥寥几笔，就能瞬间让用户闪烁的视线定格于此，好的文案远比很多人想象中的还要重要。

在快手，不少创作者常说，明明有些视频的文案看似很随意却总能收获数万点赞，这令自己十分费解。实际上，这很好理解，一是因为对方账号具有一定量级的粉丝，本身作品的数据不会太差；二是那些在你看来很"随意"的文案很可能被人精心设计过，这样的文案更能抓住用户的胃口。

例如快手账号"央视国家记忆"在2019年钱学森先生去世十周年之际发布过一个纪念钱老的视频。钱学森先生在世时是一名科学家，同时也是"两弹一星"功勋奖章的获得者。1939年，钱学森从美国加州理工学院毕业，获得航空、数学博士学位。在此后70载岁月中，他全身心地投入科研事业中，由他创建的物理力学和工程控制论为我国的物理力学奠定了基础。

2009年10月31日，钱学森在北京逝世，享年98岁。为了弘扬钱学森先生的精神，"央视国家记忆"的栏目组用几句话便概括了钱老的一生："有饭吃，有地方住，有工作做——他对生活的要求是那么简单！"

寥寥数字便概括了老人对生命和理想的追求——不是为了名利，而是为了价值。很多用户被钱老的故事所震惊，同时也被他无私奉献的精神所感动，纷纷在视频的评论区留下"缅怀钱爷爷""致敬钱爷爷"等发自肺腑的缅怀话语。由此可见，好的视频文案不仅可以帮助用户提示主题，同时还可以引导用户积极思考，这些都是文案的巨大作用。

好的文案，要能打动人心。此中关键，便是让观众在观看作品时有足够的代入感。代入感是感动的基础，那么"代入感"到底是个什么东西，文案又如何才能写出"代入感"呢？

简单来说，所谓的代入感其实就是一种"感同身受"的体验，比如当我们在阅读、观影的过程中，总会跟着创作者所设置的情节而不自觉地进入角色情境，跟随角色之心感受世界，跟随角色之身体会世界。

想要在短视频的文案写作中加入"代入感"，我们则需要从连接记忆、经历、某个似曾相识的场景等不同方面进行加强。例如在创作文案时，我们可以挖掘用户从小到大可能经历的共同情绪，以这种方法创作出来的文案往往具有打动人心的力量。例如，无论"80后""90后"或者"00后"，在这些时代中成长的人，他们从小到大肯定都有一些共同的经历，更是绕不开"亲情、友情、爱情"这三个厚重的话题；除此之外，一个人一生中也有很多人生节点，比如高考、成年、初恋、大学毕业季等，这些人生中比较重要的节点最容易引起情绪波动，它包括但不限于走进大学的欢喜、高考落榜的落寞、室友偶尔体现的温暖、期末熬夜复习的疲倦……真实的生活就是由一个又一个小细节组成，只要我们能够捕捉到这些细节背后的情绪，并将它们提炼成文字，必然能让很多人产生共鸣。

快手运营一点通

对于写作文案，不能有完美主义倾向，好文笔是练出来的，好文案是改出来的。任何时候，你写的每一篇文案都是在为写好下一篇文案做准备，写文案是一个不断精进的过程，只有不断尝试，才能在日后写出顶级文案。

爆款标题的六大创作技巧

为什么有些剧情看似简单、拍摄手法也不高明的短视频能够吸引数十万用户点击观看呢？答案就是标题起得好。试想一下，是什么决定让你点开一个短视频的，相信大部分人都是被标题所吸引，才想要点击短视频来一瞧究竟的。标题是文案的核心组成部分，其重要性不亚于优质作品本身。

好的标题具有化腐朽为神奇的力量，对一个作品上热门、成为爆款具有很大的助力。作为短视频创作者，我们在发布作品前，该如何写出一个好的标题呢？本节我们就来揭开快手爆款标题文案背后的六大创作技巧。

言简义丰

所谓言简义丰，就是创作者用尽量少的文字来表达最大化的信息，这是短视频文案的基础创作准则。例如，快手2019年在跨年广告中使用的文案："在快手，看见每一种生活。"在这句只有十个字的广告语中，所有的文字都有它的作用，没有一个字是多余的，但意义丰富而完整。

短视频本身就是在手机移动端供用户观看的，主要是满足用户碎片化的时间，所以，精简才是短视频的重点，能用三个字就可以表达的标题绝对不要写成五个字，在能力范围里尽量压缩内容。

一个创作者如果能做到文案紧凑，那就表明，他已经学会并懂得该如何省去那些不重要的细枝末节，而仅仅保留了最令人信服的部分。观众为了搞明白短视频的意图所需要花费的时间越少，就越有时间好好体会短视频中所表达的核心内容。因此，请认真对待标题文案修改和缩写的方法，学会删掉那些冗余的表达。

句式简单

所谓的句式简单具体是指两个方面：一是语义上的简单；二是结构上的简单。

语义上简单，就是一句话只表达一个核心，然后在这一个核心上去丰富信息，让情感丰满。当然，有些句子也可以包含两个甚至更多的核心，但你首先得确保你的文笔达到很高的水平，有能力做到一语双关；而结构上的简单，是指保持句子结构的简单，尽量不要使用复句，也不要出现过多的转折。

要想让观众记住你的标题并自发传播，我们在创作标题时就得保证标题结构简单，能让观众一眼便能理解其中的含义。

制造矛盾与冲突

在句式简单、文案传递信息流畅的基础上，我们也可以加入一些令人感到矛盾的元素，在快手有一部分爆款短视频作品所使用的标题其实是略带些争议的。这些带有争议的话题，不仅能引发观众更多的评论和转发，也能让观众进一步思考。例如，快手某位美食类食品达人，他将一个"十一黄金周"旅游探店的吃播视频取名为"把生命浪费在美好的食物上"，在这个标题中，"浪费"就是一个能够让人感到矛盾的词语，乍看之下，似乎并不是很顺畅，此外，搭配方式也并不常见——美好的食物，怎么可以用"浪费"这个词呢？可如果我们静下心仔细品味一下，就会觉得"浪费"这个词儿放在这里，在逻辑方面是说得通的，并且越琢磨越有味道。

有冲突的标题文案，往往会吸引更多的观众，此前，国外的一位作家在演讲时提到过，猫抓耗子，不会有人去看，可如果换成是狗做这件事，那就不一样了。所以，我们在写标题文案的时候，一定要学会制造矛盾。

创意必不可少

创意的本质，其实就是把别人不能联想在一起的事物，按照某种逻辑重新连接，制造出不一样表现方法。而创意文案的关键之处，就是需要摒弃人们在惯性思维下的老生常谈，用全新的思维去解读事物、联系事物、表达事物。例如，当表达女性对于时装的渴望时，如果说"女人永远感觉衣服不够穿"，就属于老生常谈，缺少创意，因为多数人都会有类似想法和表达。而好的创意，恰恰是摆脱掉人们的思维惯性，去创新地表达同一件事物，比如"女人的衣橱里永远少一件衣服"。

"创意"是个很主观的东西，跟撰写者的知识结构、个人特色息息相关，而创意文案则是创意和文案的结合，本质上还是营销文案。所以，在拟定标题时，创作者切忌为了创意就忽略了文案的本质，毕竟创意文案说到底还是为我们营销作品或商品来服务的。

剧情"反转"

每个人都爱听故事，好的故事自带情绪钩子，可以勾住每个观众的眼球和耳朵。短视频创作者想要讲好一个故事，就需要我们最大限度地勾住读者，因此，我们提供的信息绝对不能全部是读者熟知的信息，我们必须在提供观众熟悉东西的同时，又要设置转折，这更容易激发大家的好奇心。例如，"虽然我不会做饭，但我能点得一手好外卖"这句标题里就藏着一种有趣的反转。

耐人寻味的标题，往往带有"山重水复疑无路，柳暗花明又一村"的惊喜之感。在创作文案时加入一些反转，有时能够起到点睛之笔。

设置悬念

所谓的设置悬念，其实就是我们平时生活里常说的"故弄玄虚"，特指把标题的内容写得曲折起伏，能引发观众的好奇和关注，满怀着浓厚兴趣点开视频，然后跟随你的想法一同深入剧情。设置悬念是标题波澜起伏、引人入胜的最有效的方法之一。在标题里，设置悬念的方法多种多样，这里只简单地介绍两种：倒叙法和疑问法。

倒叙法：利用倒叙法设置悬念，就是把故事的结局在标题里写出来，给观众以强烈鲜明的印象，然后再让观众带着悬念来观看视频。

疑问法：在标题中，故意设置一些疑问，以引起观众的好奇，是形成悬念的好方法。例如，快手热榜里的高赞短视频标题文案，很多都是这样的："你们平时处理快递包装盒是怎样处理的？可千万别这样！""迪拜老哥为什么出门总坐这辆车？今天终于找到了答案……"

标题文案的写作技巧多种多样，不一而足。在创作时，我们可以结合自身内容，合理运用这些技巧来塑造我们的短视频标题。

快手运营一点通

> 短视频标题文案有两大核心作用：第一是让看到的用户点击视频；第二是获得平台更多的推荐。虽然文案是爆款视频中一个关键点，但视频的内容、音乐在整个作品中也非常重要，只有当三者巧妙配合时，才能创造出大众所认可的短视频。

套公式，熟记快手30句有趣的文案

当我们创作短视频文案的时候，最害怕的就是动笔时没有灵感。作为内容输出者，除了平时需要深入观察，探寻家长里短背后的隐情和逻辑外，还要多学习积累，多看经典文案句式。在我们缺乏灵感，写不出打动人的好句子的时候，可以尝试套用一下这些经典句式，或许，你的脑洞就开了。

1. 愿点赞的每一个姑娘都能狂吃不胖！
2. ……同意的点赞。

3. ……有同感的吗?

4. ……你赞同吗?

5. 你喜欢的那个人的名字的最后一个字是什么?

6. 喜欢视频的小伙伴请留下你的小心心。

7. 对一个人彻底失望是什么感觉?你们有过吗?

8. 现在的你还相信爱情吗?

9. 对你而言,我真的不重要,可以随意丢掉,对吧?

10. 如果你忘不了一个人,而你们现在又不能在一起,就请你把它的名字写在评论区里面,致我们曾经逝去的爱情。

11. 你在"20××"年做过最后悔的事是什么?

12. 你有没有经历过什么之后,然后就再也快乐不起来了。

13. 你经历过什么倍感遗憾的事情吗?

14. 你在感情经历中有过哪些不为人知的心酸经历?

15. 你是从哪个细节发现另一半变心的?

16. 当你减肥节食连续一周不吃晚饭,你以为只会变瘦吗?

17. 如何知道另一半是否真的爱你?

18. 你的前任教会了你什么?

19. 放弃一个你喜欢了很久的人是什么感觉?

20. 什么时候你觉得自己变成熟了?

21. 为什么现在的你不敢再去追求别人?

22. 假装不爱你,和假装你爱我,哪个更残忍?

23. 你经历的最长的一段感情有多久?

24. 看完这个视频,你还敢……吗?

25. 跟大家分享一下,这是我在××平台买的第62个好东西。

26. 今天是我生日,有人能对我说一句生日快乐吗?

27. 如果你对一个人失望透顶,你该怎么做?

28. 别刷啦,早点休息,晚安。

29. 评论里留下你喜欢人的名字，说不定 TA 就看到了呢！

30. 为了我那 5 个粉丝，拼了。

快手的文案好比一家店的门面，足够有特点才能吸引用户推开门走入其中，看看店内贩卖的商品（内容），因而文案十分重要。作为短视频创作者，我们平时要养成多看、多积累的习惯，将自己看到的有趣短句保存下来，指不定哪天，这些短句就能让你的作品成为爆品。

快手运营一点通

> 俗话说得好："红花还需绿叶配。"在快手，视频作品是红花，而文案则是绿叶。很多时候，一句好文案就能把一条视频推上热门。

本章操作要点总结

短视频文案的重要性不言而喻，它一定是吸引用户看完视频的关键所在。文案不仅可以出现在标题或封面中，同样也能体现在视频的剧情里。优秀的文案，不仅能提升用户的瞬间带入感，还可以为创作者带来更高的点击量。

在快手，那些点赞数量高的作品，一定都具有能够吸引用户或者打动用户的关键点，大家平时在刷快手的时候可以多多留心观察爆款视频的文案，探究其中的亮点。

第 5 章

拍摄与制作：
让好的内容得到最棒的呈现

快手之所以能成为短视频平台的佼佼者，让数亿用户欲罢不能，除了其平台自身的优秀内容输出能力外，那些大神级玩家在作品中运用的堪比好莱坞电影的各种专业视频拍摄技巧也是吸引用户流连忘返的原因之一。

这一章中，我们将重点介绍，一个新手玩家如何在没有专业团队支撑，仅靠一部手机或DV的情况下如何拍出高质量、吸引人的手机短视频。

配备合适的拍摄设备

很多老铁在做快手之前，或许从不同途径学习过很多摄影方法和理论，可真正等自己上手时却发现，可能连最基础的拍摄都无从下手。俗话说："工欲善其事，必先利其器。"想要拍好一部短视频作品，在拍摄设备上就不能输给"同行"。

在智能手机普及的今天，绝大多数的创作者在录制视频时都会将手机作为第一选择，但是由于硬件配置的不同，手机拍摄出的作品效果也会天差地别。这其中，影响拍摄素材效果的重要因素当属手机摄像头的像素。

在一般人的思维里，手机像素越高，拍出来的画面解析度也就越高，通俗一点来讲就是手机像素越高，录制出的视频也越清晰。从大方向来看，这种认知固然没什么错，只不过站在更专业的角度来说，像素高也并不完全等同于画质好，因为视频整体画质的评价不仅仅包括清晰度，此外还有亮度、色彩等因素。可能很多人并不知道的是手机镜头的感光元件 CMOS（Complementary Metal Oxide Semiconductor，互补金属氧化物半导体）上分布着密密麻麻的像素点。在 CMOS 面积保持不变的前提下，像素点越多，单个像素的面积越小、进光量越小，从而导致摄像头在暗光环境下成像效果越差。所以在手机这种非常紧凑的内部空间里，通常 CMOS 的面积并不会很大，因为一味地追求高像素也可能带来整体画质变差。这也就是为什么很多创作者成名后拍视频都会选择使用专业摄像机，微单或者单反的感光元件尺寸要比手机的大得多，要像素有像素，要感光有感光，成像效果自然会更好。

那么作为刚入门的创作者，我们是否也要像网红那样使用更为专业的摄像机呢？笔者给出的建议是"可以但没必要"，尤其是当我们的手机配置已经足够应对短视频的拍摄。理论上，无论我们使用什么品牌及价格的手机，手机像素只要达到 800 万就足以应对大多数环境的视频拍摄。可能有老铁要问："800 万像素倒是达到了，可我用的手机是低端机，对比中高端手机拍摄出的视频，自己心里还是有点'虚虚的'。"对此，倒不必太过担心，虽然我们在硬件上有劣势，但通过设置手机的视频参数，我们可以极大地缩减像素这一劣势。

全球几乎所有的手机厂商为了节省手机内部存储空间，在手机出厂时，相机的默认设置都不是最高的，如果想要提高手机拍摄视频的清晰度，我们仅需动动手指，就能在手机"设置"中调整视频参数。

以 iPhone 11 为例（见图 5-1）：

图5-1　iPhone 11设置—录制视频更改参数界面

iPhone 11 手机摄像头录制视频的默认参数为"1080p HD，30fps"，在此参数配置之上，还有"1080p HD，60fps"以及"4K，24fps""4K，30fps"和"4K，60fps"这四种更高的参数配置供使用者自由选择。高配置能使视频画面的流畅度更高，细节也更加丰富。其他手机的设置方法类似，都可以通过在原生相机设置里进行调整。

解决了最基本的像素问题，我们再来说一说手机拍摄视频时的抖动问题。经常拍摄视频的人都知道，画面的稳定性对于画面的效果起着至关重要的作用。由于手机一般都是手持拍摄，而没经过专业训练的人是很难拿得稳设备的，因此很多新手使用远焦拍摄或者在行动过程拍摄时，画面抖动问题就更加明显了。

事实上，就连很多具备丰富拍摄经验的快手创作者，在某些特定的环境下也不得不借助稳定设备来拍视频。所以如果你是没有太多摄影经验的新手，那么建议你一定要给手机配一个稳定器。一键快门、变焦、横竖屏切换等操作在有了稳定器的帮助下都会变得十分方便，新手可以依靠稳定器快速入门。

目前，市面上手机稳定器的型号和价位非常多，在手机稳定器的选择上，建议老铁们尽量选择大品牌的产品，毕竟是大厂出品，产品质量有保证。而在稳定器的价位上，则建议老铁们前期挑选一些价格较低的、入门级的机型，从最基础的功能开始学习和使用，等到熟练掌握稳定器的全部功能和用法后，再考虑更换价格更高、功能更全的高端稳定器。

快手运营一点通

对于入门级的创作者而言，只要解决了画质清晰度和画面稳定性问题即可顺利走上拍摄短视频的道路，至于其他的复杂设备，如领夹麦、补光灯、外置声卡、外置摄像头等，则需根据自身实际情况（拍摄环境、预算等）最终决定。

最好是真人出镜

在快手，我们可以看到更多的热门视频，都是真人出镜的。事实上，无论快手还是抖音，又或者是最近一年时间里快速崛起的微信视频号，掌管这些短视频平台的官方团队都愿意将流量倾斜给真人出镜的作品。看到这儿，老铁们是不是充满疑问，明明短视频的形式有很多种，为什么非得是真人出镜呢？这就要从新媒体时代的社交关系链说起。

"社交关系链"是最近几年逐渐流行起来的新词汇，它的概念有点类似于现实生活中我们常说的"人脉圈"，但两者之间又有很大的不同，网络平台中的社交关系链更多是现实人脉圈的延伸，前者更容易比后者建立陌生人社交。以快手举例，快手APP（包括其前身GIF快手）从诞生之初，官方运营团队就一直努力打造一个属于快手的社交生态圈。在这个生态圈中，用户与用户之间讲求的是真实、真诚和信任的关系。在这个前提下，快手官方团队当然更喜欢以真面目出镜的用户。试想一下，晚饭后你抽空用手机录制了一小段视频，但是在发布的时候却往视频里加了一个动漫特效挡住了自己的脸，你身边的朋友看了会是什么样的感觉？是不是感觉非常陌生，很有距离感，甚至不知道这个视频是不是你本人制作的，还以为是从其他网站转发搬运过来的内容，那么你所有的努力是不是全白费了？

看到这里，可能有老铁要发问了，自己形象一般，面对镜头时也非常紧张，出镜的效果一般，这种情况要不要出镜呢？如果打算长期运营快手账号，建议真人出镜，哪怕前期作品的质量不高，也要坚持真人出镜，没有人天生强大。事实上，绝大多数人在面对镜头时，都会产生一种很不自然的感觉，这种情况是十分正常的，因为多数人在讲话时并不习惯镜头的存在。

那些我们在视频里看到的气定神闲的快手达人，他们最初上镜时的表现也不会比我们好多少，而让这些人成长起来的秘诀无非是简单机械地练习，一遍又一遍地录制。如果我们真的能够下定决心并为之付出努力，我们也可以拥有达人的气场、人格魅力以及镜头感。以下是几点录制视频小技巧，只要我们能掌握这几点，成为网红便指日可待。

第一，在面对镜头时，眼睛要看着摄像头的位置，而不是看着屏幕。因为看着屏幕录制出来的视频你会发现眼睛视角会倾斜。

第二，短视频并不是直播，它随时可以暂停，尤其是当我们记不住大段台词的时候，甚至可以一句一句地录，后期再把重复和没有用的素材剪辑掉就可以了。比如说有一句话你录错了，那么你可以先停顿几秒钟，然后重新录制一遍，而不是当自己录错一句话后删除重录。

第三，当我们出现在镜头前，说话的时候尽量不要含糊和拖音。我们要尽量做到一句话清晰、连贯地表达出来，即便这句话的语速很慢（语速问题可以通过后期剪辑进行加速或降速解决）。

第四，实在记不住台词的可适当借用提词器，在手机应用商城里，搜索关键词"提词"，会出来很多相关的APP，下载后我们仅需将文稿粘贴复制到提词器中，对着镜头照着读即可。提词器能够极大地缩短我们因忘词而耽误的时间，同时也能让出镜者表达观点更加流畅。

关于真人出镜这块儿，虽然快手很多领域也都开始泛滥，但是只要花时间寻找，总能找到还未被开发出的真人出镜的细分领域，因此真人出镜的形式依然处于红利期，只要做得好，你也能成为细分领域的头部网红。

快手运营一点通

如果没有特殊理由，建议老铁们出镜做短视频，因为这样比较容易建立和粉丝之间的用户关系，也更适合账号后期变现或用于其他用途。

视频转场的技巧

掌握一些剪辑技术的老铁都了解转场的重要性。所谓"转场",是指段落与段落,场景与场景之间的过渡或者转换。它对影片的流畅度、情节的推动具有非常重要的作用,不同的转场技巧对剧情衔接、剧情走向、观众情绪、影片节奏等方面都会产生不一样的效果。

要想多段视频素材剪辑时连接得自然,这与剪辑点的选择以及连接场景的选择都有着密切的联系,一个优秀的剪辑师可以运用转场技术轻松连接来自不同拍摄环境下的视频素材,让画面看起来非常自然。

转场的方法多种多样,通常可以分为两类:技巧转场和无技巧转场。

无技巧转场是指剪辑师用镜头自然过渡来连接上下两段内容,主要适用于蒙太奇镜头段落之间的转换和镜头之间的切换,强调视觉的连续性,种类繁多。运用无技巧转场方法需要注意寻找合理的转换因素和适当的造型因素,并不是任何两个镜头都能适用,这需要剪辑师具备丰富的剪辑经验。此外,对视频素材的质量也有一定要求。

相较于技术含量相对较高的无技巧转场,技巧转场相对容易得多,非常适合零基础的新手剪辑者学习和使用。技巧转场是指通过专业剪辑软件附带的一些技术技巧命令,对两个画面的剪辑来进行特技处理,完成场景转换的方法。

下面介绍几种快手上常用的技巧转场方法,各位老铁可以尝试着运用到自己的视频作品里。

淡入淡出转场

在短视频中最常见的转场效果就是淡入淡出，淡出是指上一段落最后一个镜头的画面逐渐隐去直至黑场，淡入是指下一段落第一个镜头的画面逐渐显现直至正常的亮度。在实际编辑素材时，应根据视频的情节、情绪、节奏的要求来决定。有些短视频里淡出与淡入之间还有一段黑场（很短，一般不到 0.5 秒，但能给人一种间歇感）。

缓淡减慢转场

缓淡减慢转场可以强调抒情、思索、回忆等情绪，勾起观众的好奇和悬念，剪辑者可以通过放慢渐隐速度或添加黑场来实现这种转场效果。

划像转场

划像也叫扫换，是指两个画面之间的渐变过渡。划像分为划出与划入，划出指的是前一画面从某一方向退出荧屏，划入指下一个画面从某一方向进入荧屏。例如，划像盒、十字划像、圆形划像、星形划像、菱形划像等。需要注意的是，因为划像的效果非常明显，所以划像一般用于两个内容意义差别较大的段落转换。

叠化转场

叠化是转场技巧中比较简单的一项视觉效果，当两个素材的轨道叠在一起时，只要逐渐降低上面轨道的透明度，便可以达成叠化。一般用来表现空间的转换和明显的时间过渡。叠化的处理方式往往可以抒发情感。甜蜜幸福，悲伤忧郁，快乐，回忆等都可以通过叠化的手法来表现。一般转场运用正常叠化即可，如果想要加入表达强烈的情感体现可以适当调节叠化速度以达成不错的效果。当视频素材画面质量不佳时，也可以借助这种转场来掩盖镜头的缺陷。

定格转场

定格转场适合将上一段的结尾画面作静态处理，使人产生瞬间的视觉停顿，接着出现下一个画面，较适合于不同主题段落间的转换。

除上述五种转场技巧外，翻转转场、多画屏分割转场、字幕转场等转场方式也常出现在快手热门作品里。在这些作品里，不同画面之间的转场被设计得十分精巧，场面之间的内部逻辑和外部形态联系得十分密切。这些优秀作品是我们学习的样本，要想成为一名优秀的短视频创作者（剪辑师），我们不但要充分地熟悉素材，同时也要善于发现，能够根据视频内容的需求，大胆创意去设计每一个精妙的转场。

快手运营一点通

不管是技巧转场还是无技巧转场，都是要结合转场前后内容去做相应的匹配，同时也要根据你选的转场方式进行调整，并不能一概而论。

运镜拍摄技巧

很多拍摄视频的快手创作者可能都有这样的疑惑：别人轻轻松松就能拍出一条好看的视频，而自己辛辛苦苦却只拍出一堆废片？之所以出现这样的情况，是因为绝大多数短视频创作者没有掌握"运镜"的技术。

"运镜"，听上去似乎很高大上，但理解起来并不难。所谓"运镜"，最简单的解释为运动镜头，顾名思义，就是拍摄者通过运动摄影设备来拍摄动态景象。与定镜相比，运镜则让画面更具动感。

运镜的核心是场面调度，最基础的七种运镜技巧分别是："推、拉、摇、移、跟、甩、升/降。"我们在快手经常看到的短视频作品中，大多数内容就是七种运镜技巧的组合。其实不只是快手，没有摄像经验的普通人在日常拍摄视频的时候，也会不知不觉地用到过这些运镜的技术，只不过这些人没有掌握运镜的理论基础，也无法很好地结合视频和剪辑将运镜的技术展示出来。那么接下来，我们将帮助摄影新手系统地了解快手短视频经常出现的这七种运镜技术。

推镜头

推镜头是一个从远到近的构图变化，在被拍对象位置不变的情况下，用相机向前缓缓移动或急速推进的镜头。随着摄影机的前推，画面经历了由远景、全景、中景、近景、特写的完整或不完整，但必然是连缝的变化过程。推镜头可以引导观众更深刻地感受角色的内心活动，加强情绪气氛的烘托。

推镜头在拍摄中应用很广泛，使观众的视觉注意力相对集中，视觉感受得到加强，造成一种审视的状态，当我们想要突出主体人物、细节、强调整体与局部的关系、带给画面节奏等都可以用推镜头来拍摄。

拉镜头

与推镜头相反，拉镜头是摄影机通过移动逐渐远离拍摄对象。一方面取景范围由小变大，逐渐把陪体或环境纳入画面；另一方面，被拍对象由大变小，其表情或细微动作逐渐不再能看得清晰，与观众距离也逐步加大。拉镜头能使观众视点后移，看到局部和整体之间的联系。

还记得国际功夫巨星尚格·云顿在2013年为某品牌汽车做拍摄的那条广告吗？当时尚格·云顿双脚站立在两辆倒行的卡车后视镜之上，随着镜头的逐渐拉远，两辆卡车逐渐分开，同时尚格·云顿则做出了"史上最难的一字马"动作。在这条广告片中，尚格·云顿在镜头中从近到远的过程就运用了拉镜头的拍摄手法。

摇镜头

摇镜头是摄影机本身不移动，借助于活动底盘使摄影镜头上下、左右，甚至四周旋转的拍摄方法。

当我们拍一些开阔的场面，单个静止画面不能包含所有想要拍摄的景物时就可以使用这个手法，目前很多娱乐节目或者演唱会，经常会用到摇镜头来拍摄观众席位。

移镜头

移镜头顾名思义便是要移动摄影机，它往往要借助一定的运载工具，在水平方向，按一定运动轨迹进行的运动拍摄。

移镜头类似生活中的人们边走边看的状态，在这种情况下，变化的总是被摄主体的背景。不管被摄主体是固定不动或者处于运动之中，因为镜头的移动，被摄主体的背景在连续的转换中总是一直变化，总是充满动感。

移摄可分为前移、后移、横移和曲线移四种，因为可以根据机位运动而改变，所以移镜头可以拍出更长、更宽、更深的画面。移动拍摄的效果是很灵活的，但弊端是相机抖动不好控制，很多人拍出来的素材效果并不好，这时就要用到稳定器来控制相机移动和旋转。通过使用稳定器灵活运镜，不仅可以达到平滑流畅的效果，更能为视频注入气氛和情绪，让镜头充满活力。

跟镜头

跟移镜头同样也是一种移动镜头，同样也需借助一定的器械或者把摄影机扛在肩上才能完成拍摄任务。跟镜头与移镜头不同之处只在于：当摄影机的拍摄方向与被摄体的运动方向一致或完全相反，且与被摄体保持等距离运动（通常情况下这样）的移动时，它才被称为跟镜头。

跟镜头始终跟随运动着的主体，有特别强的穿越空间的感觉，适宜于连续表现人物的动作、表情或细部的变化。

甩镜头

甩镜头，也即扫摇镜头，指从一个被摄体甩向另一个被摄体，表现急剧的变化，作为场景变换的手段时不露剪辑的痕迹。甩镜头常用在表现人物视线的快速移动或某种特殊视觉效果，使画面有一种突然性和爆发力。

升／降镜头

升／降镜头是相机借助升降装置等一边升降一边拍摄的方式，升／降运动镜头会带来画面视域的扩展和收缩，通过视点的连续变化形成了多角度、多方位的多构图效果。升镜头是指镜头向上移动形成俯视拍摄，以显示广阔的空间。而降镜头则是指镜头向下移动进行拍摄，多用于拍摄大场面，以营造气势。这两种运动镜头出现在抖音作品的频率也非常高。

对于快手新手来说，在日常拍摄过程中，首先逐一练习七种基础运镜镜头，待熟练后再进行组合创作。此外，可能一些读者朋友会为自己没有专业的摄像设备而发愁。其实，对于非专业的短视频创作者来说，很多专业的摄影道具，只要突发奇想就能创造出来。例如，移镜头和跟镜头所需要的"活动底盘"，就可以用滑板、电动平衡车甚至是家中老人的轮椅替代。不过，借助这些外在工具，如边踩滑板边拍摄的老铁们一定要注意人身安全，如果没有高超的滑板技术，则切忌不要逞强。

快手运营一点通

所有的拍摄工作都是为了故事服务的。运镜作为摄像表达的一种手法，是视频拍摄者必须掌握的重要素养。但也别时时刻刻都想着把运镜的所有手法加入作品中，老铁们务必记住一点，"镜头运动如果错了地方，那只会让你的视频减分"。

各种"特效"的拍摄

如今,无论是电影还是电视剧,都离不开特效处理,尤其是一些科幻大片,更是要大量运用到特效。特效可以给影片添加超现实的效果,在影片中发挥了非常关键的作用。可以说,特效已经成为当下大制作电影的标配。特效制作的范围非常广,可分为三维特效与合成特效两大部分,三维特效包括建模、材质、动画、灯光、渲染五个步骤;合成特效包括抠像、擦出威亚、调色、合成、汇景五个步骤。

对于短视频创作者来说,对特效的要求并没有大制作电影那么高,因此也就不需要创作者花费高额费用和过多的时间来添加特效,但我们依旧可以学习并使用一些短视频基本特效,以增强短视频的视觉感染力。一些特效如果被合理运用的话,会给短视频增添很多色彩,对于短视频的传播也能起到更好的帮助。

在快手,常见的短视频特效主要有以下四种。

瞬间移动

在短视频作品中,瞬间移动是经常被创作者使用的特效。这款特效的应用非常简单,我们利用软件自带的特效就能实现这个效果,虽然没有电影级特效那么完美,但对于短视频运营者拍日常的作品来说,已经足够了。

瞬间消失

制作瞬间消失特效与制作瞬间移动的特效的步骤大致一样,都需要短视频运营者将拍摄好的影视素材导入剪辑软件中,比如剪映,将时间线固定在人物尚未消失的镜头,然后用软件自带的拆分工具进行拆分。之后,在人物离开镜头处再点击拆分，接着将其中相同的镜头删除即可。当然，删除中间镜头后很大概率会出现镜头衔接不好的问题，因此我们为了保持视频画面的流畅度还需要在衔接处添加一个简单的转场效果用来过渡。

乱入特效

短视频乱入特效是指一个画面中出现了不应该出现的事物，这种特效会给用户一种惊讶感和错落感，比如数千万年前的恐龙出现在了办公室，现代人穿越到了古代，突然一下来到南极洲或北冰洋，又或者从天而降等。那么，这种特效是怎么实现的呢？短视频运营者可以借助软件"神奇AR"实现这个效果。打开软件，选择需要乱入的角色和背景，选择乱入特效，即可生成，方便快捷，效果不错。

老电影特效

老电影特效泛指怀旧风格的特效，将现代社会的人、物放到原始情景里面，晃动的光影、斑驳的画面很容易引发观众的联想与想象，勾起观众儿时的回忆。这种特效通过一种代入感引起读者的情感共鸣，从而加深对短视频的印象。目前，市面上很多视频剪辑软件都可以为短视频添加老电影特效，以快剪辑为例，短视频运营者在该软件中打开素材后，需要先将素材导入编辑处，然后在视频滤镜选项中选择老电影效果，即可产生老电影的特效。如果觉得特效过亮或过暗，可以通过视频剪辑软件编辑下方调整信息面板中的效果参数，来进行逐一的调整。

短视频特效在制作过程中需要注意以下四点。

一是画面色彩，尽量避免在短视频画面中使用纯白色、纯黑色等特别突出显示的颜色，可以使用非常暗的蓝色、红色来让画面色彩更加协调，而不至于太过突兀。注意不要太黑或亮度太高。

二是构图，在短视频中，要多使用不对称构图，需要从衔接、剪辑等多角度考虑。一些想要展现权威、力量、严肃的场景可以使用单画面构图，突出显示庄严肃穆感。其他短视频内容应尽可能地使用不对称构图，不过度依赖单画面构图。同时需要注意的是，短视频创作者在构图时，不应只考虑呈现在相机屏幕上的那部分内容，而是应该尝试时空变化、场景变化的立体构图方式。

三是光效，一般的短视频平台都对视频质量有要求，短视频中不应出现模糊、僵硬的光效，应该使用清晰、动态的光效，使得视频画面有更强的表现力。短视频运营者在制作光效时，虽然可以直接使用拍摄软件中的光效插件，但这种插件提供的光效效果有限，可能不能满足短视频内容的要求。针对这种情况，短视频创作者可利用专业软件来制作光效，比如在软件中建立多个图层，在合成图层时对亮度、颜色进行调整等。此外，创作者不应该滥用光效，否则会严重影响用户的观看体验。

四是控制色彩偏差，由于屏幕存在色彩偏差，短视频运营者使用电脑为短视频制作出的特效，可能在手机上的呈现效果并不理想。需要考虑到软件因素，比如有的短视频在电脑上播放时看得很清楚，但如果在自我调节亮度低的手机上，观感就不足，这时候就需要将素材画面亮度调高。

快手运营一点通

> 短视频剪辑软件有上万种特效，其中很多特效的添加和使用都非常简单，只要剪辑者熟练掌握添加特效的流程和步骤，就能用它做出很多好玩有趣的作品。

积累和选择合适的配乐

很多时候，一个视频之所以能够成为爆款，选用合适的BGM（Background music，背景音乐）也占了很大作用。无论是"麻烦给我的爱人来一杯Mojito，我喜欢阅读她微醺时的眼眸""往后余生，风雪是你，平淡是你，清贫也是你""什么鬼魅传说，什么魑魅魍魉妖魔，只有那鹭鹰在幽幽地高歌"等流行音乐，还是"你别笑，没那个状态了""我太难了，老铁。我最近压力好大"等网络音频，都已然成为快手平台传播的洗脑BGM。

能够作为BGM的曲子种类丰富，或搞笑，或恢宏，或伤感，或空灵。同样的一个作品，搭配不同的BGM会产生不一样的效果，但作为视频的创作者，我们应该清楚一点，并不是只要使用流行的神曲作为BGM就能让我们的作品播放量更多，更重要的是这首曲子是否与视频内容搭。无论快手短视频还是vlog，选对BGM绝对能让作品的播放量更上一个台阶。

例如，快手上有一位创作者在"十一黄金周"去江南古镇游玩时，拍摄了很多优美的山水风景素材，但她在发布前几个作品的时候均采用了以钢琴为主的西方轻音乐，虽然也都是很舒缓的曲风，但西方配乐与东方的山水并不是很搭，导致了作品的点赞量很少。但她在最后一个作品里忽然换上了"镜花水月"主题的东方音乐，旋律空灵，极其符合雨后雾气萦绕的画面，让人不禁联想到"银涛无际，玉山万里，寒罩江南树""南朝四百八十寺，多少楼台烟雨中"等唯美古诗词，美感异常强烈。最终，这则视频在快手上收获了60多万的点赞量。可以说，挑选一首合适的配乐对作品冲击热门视频起到了关键性的作用。在创作短视频时，有趣、合适、易传播的音乐，非常值得创作者们深挖。

什么样的音乐才是最合适的

这个问题没有固定的答案，评价一段 BGM 是否与作品匹配首先要看视频内容的属性以及你想要表达什么样的情绪和效果，同时也要注意 BGM 能否与作品内容的节奏吻合。以上两点非常重要，如果 BGM 与视频内容不合拍，那么在视频播放的过程中将很难调动起观看者的情绪。

尽管 BGM 的选择是一道"多选题"，但通过对爆款视频的解析，我们还是能得到一些思路。例如，快手上一些搞笑剧情类的视频在一开始会选用一些比较严肃的音乐，然后随着剧情的发展，严肃的旋律戛然而止，在笑料包袱被抖出的同时突然换上了欢快的音乐。这种剧情反转总能令人出乎意料，再配上两段风格截然不同的音乐，更能凸显作品的笑点。

如何寻找热门的 BGM

并不是每个快手创作者都对音乐有很深的了解，即便是一首在快手上流行很久的歌曲，很多人也无法准确地说出这首歌的歌名，那么当我们在刷快手时遇到一首自己喜欢的音乐时，要怎么才能"据为己有"呢？

方法主要有以下三种。

第一，我们可以直接点击视频左下角的音乐标识点击收藏；然后再进入"选择音乐"界面，点击"我的收藏"即可找到该音乐。

第二，除了收藏快手音乐，我们也可以点赞该视频。然后在打开"我"，找到"喜欢"，打开该视频，点击视频右侧的"分享"，在弹出界面的最下方找到"拍同款"。

第三，听歌识曲。这个方法需要用到其他的音乐软件，比如网易云音乐或者是酷狗音乐等，适用于此时此刻正在听但是不知道音乐名称的情况。因为不知道音乐的名称，在搜索的时候就不知道怎么搜索，贸然在快手找，无异于大海捞针。使用这个小技巧，就能很快找到该音乐。

具体的操作并不难，打开网易云音乐或者其他有"听歌识曲"功能的音乐 APP，在 APP 里找到"听歌识曲"这个功能，然后点击开启就能自动识别该音乐了。如果你嫌这种方法麻烦，那么还有更简单的方法，但前提是你得有两部手机（或者借用朋友的手机也可以），你可以打开另外那部手机的"微信"，在"摇一摇"功能下选择"歌曲"，然后将这部手机靠近正在播放音乐的那部手机，再动手摇晃几下手机就可以了，如果这首歌（或纯音乐）是被 QQ 音乐所收录的，仅需十秒钟，微信摇一摇便能检索出这首歌的歌名。

另外，如果你不想跟风使用这些正在流行的音乐，也可以自己到网上寻找音效素材，这样的素材有很多，例如"爱给网""音效网"等。以爱给网为例，网站里面有音效库、配乐库、影视后期特效、游戏素材等。这些素材囊括了各个领域，只有你想不到，没有找不到。而且，绝大多数的素材都是可以免费下载的。

快手运营一点通

一个短视频要想获得用户的认可，需要具备的元素是多方面的。在认真做好内容的前提下，多听、多看、多积累，选取合适的 BGM，将 BGM 的作用在视频中发挥到最大，也是内容创作者需要不断打磨、学习的一个方向。

封面制作和优化技巧

许多短视频创作者在入驻快手之前都做过详细的功课，也学习了很多有关短视频基础知识，明白了快手的算法逻辑、账号如何定位、内容如何策划等。但刚入门的新手创作者经常会忽视掉一些细节问题，例如短视频的封面，好的短视频封面能够让用户快速了解视频的内容及亮点。

在快手平台，当我们发布作品时，快手系统从所发布的视频内容中挑选一张稍微具有代表性的图片推荐给我们当作封面，或者我们也可以根据自己的喜好从视频里选出一帧作为这个作品的封面。当然，这是最省事也是最偷懒的一种设置封面的做法。很少有快手达人会用这种方式设置封面，因为这样的封面对于点击率转化没有太大的帮助。

如果我们想让封面更有特色一点，就必须借助修图软件来做。那么，什么样的快手短视频封面点击率更高呢？

选择与内容相关的视频封面

1. 吸引覆盖目标用户

首先，如果视频封面与内容不相符的话，先不说点击率高低与否，平台审核大概率也是不会通过的；即便侥幸通过审核，也会引起一些用户的反感，得不偿失。设置短视频封面的前提还是要让封面与内容相关，内容相关也能为观众标明视频内容的方向，给观众一个心理预期，同时也能起到一个吸引目标用户的效果。

2. 引起共鸣，让用户觉得视频和自己有关

举个例子，如果你是化妆领域的视频创作者且拍的视频都与化妆品有关，那么在封面上则可以放一些遮挡LOGO后的口红、粉饼、眉笔之类的化妆品，能够引起目标用户的关注，让目标用户觉得这个视频很可能和自己有关。可是如果你将封面的化妆品换成衣服、包包或者其他关联性不强的东西，真正的目标用户可能在看到封面时也就不会被吸引，而对穿搭感兴趣的用户点开后，却发现里面的内容全是化妆知识，与穿搭无关，恐怕这些人也不会产生再看下去的欲望。

采用悬疑式引发好奇心

西方有句谚语"好奇害死猫"，人的好奇心理是非常强的，因此要想靠视频封面达到一个吸睛的效果，我们也可以充分利用人的好奇心，不过这需要有文案进行辅助。例如，你想在视频中介绍、推广丑橘，你可以放上一张丑橘的图片，然

后文案写上"平时别人送我都不想要的橘子，现在我却愿意花多一倍的钱买它"，造成一个反差心理，让观众忍不住想要知道原因。

使用特效增强封面的丰富度

有时，一个酷炫有冲击力的封面，也会引起观众的关注和点击，不过这个需要一定的视频剪辑的技术以及设计创意，比如通过背景虚化、人物卡通化、渲染等形式来增加观众对快手视频封面的点击欲望，这要求创作者具备一定的图片处理经验和技术。

提取与用户相关的利益点

大多数互联网用户对什么东西最关心？当然是和自己兴趣、利益息息相关的内容，所以我们也可以将视频中与观众有关的利益点提炼出来，并在封面中以放大的文字凸显，比如优惠促销类、功效好处等，让观众知道点击你的视频就会有收获。

以上是设置封面的一些方法。此外，在处理封面文字时，我们也需要注意一些事项，例如加大字号，让文字变得醒目；抓住重要文字，要学会提炼关键内容；封面文字的摆放位置最好位于封面中央……

快手上，美观大方的封面形式有很多，但无论哪种类型的封面，一眼看上去都是清晰简洁的，需要让用户很容易就能看懂封面的意思。如果封面设置得太乱或者让人看着不舒服，用户很少会点进来。

快手运营一点通

一个美观大方的封面更能让用户内心燃起点击的欲望，无论做什么领域的内容，作品封面最好使用固定的风格，这样可以加深用户的印象。

本章操作要点总结

打开快手，我们可以看到，在短短十几秒的视频作品中，有人跳舞，有人"整活"，有人玩镜头转场，有人展现颜值，也有人负责搞笑卖萌。玩家的视频作品支撑着快手这个庞大的平台，快手官方也非常鼓励新的创作者踊跃加入。但是要想拍摄好一部短视频，对没有基础的老铁们来说并不容易，那些快手上点赞量成千上万的作品大多是主创者花费数小时的心血和精力才拍摄出来的，在这些高赞作品的幕后，很多创作者实际上也都是科班出身的影视专业高材生，无论拍摄技巧还是制作技巧，都是普通人难以企及的。

因此，作为快手新入门的老铁，我们更应该在视频拍摄上下功夫，本章所列举的视频拍摄技巧非常适合入门级新手学习应用，希望可以帮助到想要尝试拍摄快手的各位老铁提高拍摄理论知识，并在将来的实践练习中突破自我，拍摄出更多好玩、有趣的短视频作品。

第 6 章

吸引流量：
快手短视频引流的方法

引流是快手新手进阶高级玩家的道路上必不可少的一个环节，每个稍有名气的快手网红都清楚流量的重要性。无论你在快手上直播带货，还是在喜欢的领域"用爱发电"，或者是单纯想要分享专业知识，传播自己的学术及思想，其前提都需要有相应的人群关注，因此视频创作者除了要做好视频内容，还要学会为自己推广代言，宣传自己，为自己吸引流量。

人们口中的快手流量池究竟是什么

想必很多玩快手的老铁朋友们都会经常听到一个专业的词语——"流量池",单纯从字面上来看,大家似乎对于这个概念都能理解,这不就是快手用户的浏览总量吗?这么讲固然没有错,但从专业术语上来解释,流量池的含义要比快手老铁们所理解的复杂得多。流量池是近年来才出现的一个新概念,最早出自"营销学",指的是流量的蓄积容器,主要是为了防止有效流量流走而设置的数据库。

看到这么专业的解释,是不是顿时感到头大,仿佛一下子便回到了从前"玩命背书"的时代?不过,请各位老铁放心,快手流量池与营销学概念中的流量池关联并不是很大,因此对于商业的流量池概念,以下不再涉及。

快手的流量池,通俗来讲,你可以将它看作是一个作品曝光的舞台。举个例子,例如每四年举办一次的世界杯,一支世界杯出线的球队想要最终捧起大力神杯,需要经历三场小组赛、四场淘汰赛,总共七场比赛,而且在登上世界杯的舞台之前还需要参加多场"世预赛"。要想世界杯出线,球队必须在世预赛中取得一个不错的成绩才能进入下一轮比赛之中。

这与快手某个作品想要成为播放量超过千万级的历程十分相似,你所发布的每一个作品都像是一个准备从"世预赛"开始向上冲击的种子球队。只有你的作品被更多的人点赞、转发、评论,你才有可能战胜同级别的作品晋级到下一轮的比拼之中。在一级一级的比拼中,你的作品所取得的成绩如果能一直保持领先,那么恭喜你，这个作品就会像那些取得世界杯出线资格的球队一样，站到更大的舞台（流量池）上，与更多优秀的作品进行 PK。

你的作品是否能够成为爆品除了一定的运气成分以外，剩下的完全就靠该作品是否能在这种层层递进的流量池里比其他作者的作品获得更多的喜爱。因此，想要从最基础的流量池跳到更大的流量池里，全凭创作者是否能制作出优质的视频内容，并且保证持续产出。

快手运营一点通

入驻快手，就相当于已经进入一个非常巨大的流量池当中。在你的周围，潜伏着和你同样追求变现的创作者，你能做的，唯有用更优秀的作品干掉其他短视频，才有可能成为热门视频。

付费引流和免费引流

快手上引流的方法非常多，可究其根本无非有两种：付费引流和免费引流。付费引流顾名思义，就是直接投钱就行。在快手主页面的侧边栏里找到创作者中心，进入后可以看到一个叫作"作品推广"的功能，快手用户可以通过这个功能实现付费推广。

"作品推广"功能是快手创作者付费助推作品上热门的唯一途径，只要你愿意付费给作品推广，快手就会根据平台高效能的推荐算法，将你的作品推荐给更多兴趣用户和潜在粉丝，从而让你的作品播放量和互动率得以提升。付费推广的效果往往是立竿见影的，只要资金投入够高，在作品质量不错的前提下，很快就能成为热门视频，入选快手"精选"作品。这种引流方式非常简单，但对于底层创作者而言，并不具备普及性，因为不是所有人都有一掷千金的"钞能力"。

当前，使用付费推广功能的多是一些快手影响力较大的带货达人以及供应链完备的中小微企业，这些人（企业）会在短视频作品里加入一些软广来吸引更多的消费者观看，并最终能刺激到他们的消费。因此作为新人创作者，我们应该将引流的重点放到另一种方式上，即免费引流。

快手免费引流最常见也是最好用的方法只有一个——免费提供资源或服务。将自己手中所掌握的资源免费分享给其他人，前提条件是让这些用户必须成为你的粉丝。这些资源可以是游戏通关秘籍，可以是时下流行的无损音乐、电子书，也可以是影视剧的下载链接等，你只需要动动手指就能把资源分享给别人，无须任何金钱上的投入。如果你说，自己平时很少上网，手里没有任何这方面的资源，又该如何引流呢？其实很好解决，你可以通过知识分享来获得流量，如果你在理财方面很有天赋，那么你完全可以将自己的理财经验写出来，传授给那些关注你的粉丝。

具体做法是当你有能拿得出手的资源时，在个人昵称和资料中加入关键词，然后在各大直播间里发弹幕。关键词怎么做？很简单，仅需将你所能提供的资源或服务写清楚即可。例如，现在快手的游戏直播专区里，就有很多主播打出了"免费带粉上分"的旗号。在刚开播直播间人气很少的时候，一些游戏主播会通过这种方式吸引用户进入直播间，并依靠娴熟的技术带领粉丝赢得游戏的胜利。

此外，也有一些专注于短视频，从来不开直播的用户也在用这个方式引流。他们会在人气较旺的直播间里打广告，内容大致是"点我名字免费带飞"或者"点我名字免费代打"，而在他们的快手主页里，也密密麻麻地排满了之前帮粉丝上分的截图（包括聊天记录），用以体现自己的技术和信誉，刺激更多用户关注、私信他们。而这些技术大神的最终变现方式则是，在帮粉丝获取了一定程度的游戏排位分（或段位）后，会跟粉丝直接提出如果再想往上打的话，就需要收费（或直播间礼物）了。在众多被"带飞"过的用户里，一定会有人选择付费，以求自己的账号被代打到更高的段位，即便愿意付费的用户比例很低，但这种方式也总算起到了免费获取精准粉丝的效果。

我们要知道，无论是快手还是抖音，粉丝都不难获取，真正难获取的是愿意付费，帮你实现变现的高质量精准粉丝。因此，如何快速吸引、筛选出这类粉丝是快手上每一位想要实现变现的创作者值得思考的问题。只有真正明白其中的逻辑，才能使我们精准而快速地引流，并提早变现。

快手运营一点通

> 流量，是一切生意的本质。在流量时代，引流更是促成商品成交的重中之重，只有商家拥有足够大的流量才能筛选出真正愿意付费的精准用户，而有了这些精准用户，我们才能实现商品成交或知识（技术）变现。

垂直领域下的精准引流

无论你是打算以快手电商还是创作者的身份入驻快手平台，想要做好快手账号，除了作品内容质量过硬，还要注重引流。引流这个词听上去很高大上，但引流的核心却很好理解，分析自己的优势在哪里，然后在平台上批量输出内容，只要你发布的内容有价值，就会吸引更多的人关注你。

快手看似简单，但其实里面需要玩家注意的细节数不胜数，同样是新人玩家，为什么有些人能在短短三个月内实现裂变，引流变现？每个人成名的方式虽有不同，但遇到的困难和阻碍却是大同小异。那些成为网红的玩家并不是运气有多大，而是这些人将快手的每一个功能都玩精了。

引流并没有人们想象中的那么难,有些快手玩家每天都会抽出一点时间去各大论坛、贴吧给自己打广告,并贴上自己的作品。这种方法看似很"蠢",但长期坚持下去却能取得一定的效果,而且这种引流的方式是完全免费的。一个快手账号,能否在短期内吸引大量的用户驻足观看,其内容本身固然占一部分因素,更主要的是运营这个账号的人愿不愿意花费更多的时间和心思去做运营。短视频行业,谁能解决流量用户的问题,谁才有资格站在金字塔的顶端。

除了上述在站外发作品的方法外,我们也可以通过一些小技巧在站内引流。假如你对美妆有着充分的兴趣和技术,那么你完全可以将账号由内而外地进行包装设计,将账号打造成专业的传播美妆知识的账号,账号名字、头像、个性签名都设置好以后,发布垂直类的美妆内容。视频内容也不用很复杂,只需要分享一些自己的美妆技巧和护肤小窍门即可,然后在设置封面时统一风格。只要你的内容质量高于同领域的一部分作者,你就能受到用户的关注,并且这些粉丝多数还都是精准用户。

我们要明白一点,多数人的行为都不是无意义的,用户选择点击关注一个人成为他的粉丝,必然与粉丝的自身需求具有一定联系。作为视频作者,要想明白这层关系。为什么粉丝会关注自己的快手号,自己能对那些喜欢自己作品的粉丝提供什么"服务"或者"帮助"。这一点很重要,有些创作者总是天真地认为,只要坚持做好内容,其他的都交给"天意"了,这种想法其实并不可取。既然下定了决心做快手,为何不连引流也一起做好呢?

就像上文提到的做美妆领域,能够关注这个领域的用户也一定是对这方面感兴趣或者说有需求的,可以肯定的是,有些粉丝会直接通过评论区询问作者使用的护肤品是什么品牌的,或是提出一些其他的问题。那么作为美妆视频创作者,我们是不是可以在评论区跟对方进行互动,给予对方一些实用的小建议?或者当有人提出不会使用口红、眼线笔等化妆品的时候,我们是否在下期视频里专门出一期作品进行解惑?千万不要小看这些细节,当你真的开始努力与粉丝进行交流互动的时候,你会发现你所做的这些努力都能起到引流和增加用户黏性的作用。

通常情况下，引流的过程是缓慢的，你不能奢望效果能够立竿见影，而是要做好长期沉淀和积累的准备。同时，引流也不是一味地哄骗，而是站在实事求是的角度与粉丝进行沟通，只有这样，粉丝才能对你产生好感和依赖，视你为偶像。

快手运营一点通

> 引流涨粉是一种表层的东西，真正需要的是你内在的运营思路和方法。引流涨粉是"术"，"术"的东西，很多人都知道，也都在做，但怎么样变成"道"，形成自己的推广加粉体系，同时，还保证可持续的转化，这才是最重要的。

评论区引流技巧

在快手平台，想要流量转化，粉丝增长，公域流量导入私域，评论区是一个非常好的转化窗口。评论区引流是快手上人们使用较多的一种引流方法，类似于大学里交换信息的广告板。评论区引流的基础逻辑是"用户需要什么，我们就提供什么"。

那么，在快手平台，我们提供什么样的信息（服务）才能引起用户的关注呢？这里分享几个小技巧。

当我们在自己作品下的评论区与用户互动时，一定要配合视频内容，解决用户痛点。在视频作品中，我们可以引出痛点话题，然后通过结尾话术引导粉丝们在评论区提问留言。当有用户在评论区提出疑问的时候，针对对方的问题，我们可以逐一进行解答，以强化自己的专业性。同时，在回答粉丝提问的时候，也可以巧妙地引申出话题，增加粉丝讨论的热度。在我们粉丝很少的时候，如果我们能对粉丝的每一个提问都认真解答，为粉丝出谋划策，帮助他们解决疑惑和痛点，我们很快就能收获一部分忠实粉丝。

在与粉丝互动的过程中，我们要时刻谨记自己的身份。在粉丝面前，我们可以在自己深耕的领域表现得像个专家，但我们更是粉丝的朋友。我们应以朋友的口吻与粉丝进行和睦互动，而不是对粉丝指手画脚，以强势的姿态回应粉丝提出的问题。

另外，快手上存在极个别素质一般的用户，这些人为了刷存在感总喜欢去其他人的作品下面恶意评论，有时甚至对视频作者进行言语攻击。如果我们遇到这种人，尽量装作看不到就好，不要和这种负能量满满的人一般见识。对方的种种行为就是为了引起视频作者的注意，如果作者一时没忍住与对方吵起来，他们的目的也就达到了。因为他们与创作者之间的争吵势必会引来其他用户的围观，只要有人关注，他们的目的就达到了。而创作者一旦与对方发生口角，在围观的粉丝中必然会有一些用户认为视频作者不够友好，继而"粉转路"。我们花时间做评论，核心就是要让大家关注自己，而不是为了发泄自己的情绪。

除了经营好自己账号的评论区，我们还可以到热门作品下的评论区做引流。具体做法是关注同领域的大号，并将这些账号设置为"特别关注"，这样对方有新作品发布时，快手就会第一时间给我们推送消息。去其他人作品下做引流要注意一点，就是越早发评论曝光率越大。这和论坛或者贴吧里"抢沙发"（俗称"抢二楼"）的道理是一样的。不过，与论坛不同的是，在贴吧里，用户只要抢占了沙发，那么他的发言就会一直在这个帖子的最前排；而快手在评论排序上，所采用的是"获赞机制"，简单理解就是排序并不是由评论的发布时间决定的，而是谁的评论收获的点赞高，谁就能排在前面。虽然规则上有一定的差别，但仍是评论越早出现越好。

此外，评论要具有一定的吸引力。如果想在热门视频的评论区里引流，那你的评论不管幽默搞笑也好，客观专业也罢，总之要给人留下一定的印象，如果内容很平，让其他用户"看了等于没看"，是不会有人给你点赞的。那么，如何写出有吸引力的评论呢？

1. 风趣幽默。例如，我们可以在一些情景搞笑类视频里分享出自己也有过类似的窘迫经历，通过自黑的方式增强评论的幽默程度，在迎合作者的观点的同时，又能起到引发共鸣的效果。

2. 直接引用名人名言。例如，我们可以在红酒品鉴的视频下直接引用作家罗伯特·路易斯·史蒂文森的名言"酒是瓶装的诗篇"。这种名人名言通常字数不多，但往往效果拔群。

3. 吐槽。其实很多时候打动人心的吐槽都是大家喜闻乐见的。

4. 神回复。这种难度稍微大一些，需要根据视频具体内容临场发挥，语言可以像周氏幽默那般无厘头，也可以如哲学般深邃内涵。

5. 深度讨论。这种需要评论者具备一定的专业知识。对一些观点进行深入的分析，紧紧围绕短视频作品来展开。

如果你觉得自己没有信心写出优质短评，那么也可以换种思路，通过写长评论来实现引流的目的，长评的语言可以不如短评那样字字珠玑，但也需要整体紧凑，前后衔接自然。此外，无论长评还是短评，都尽量不要在别人的评论区做硬广，可能会被快手系统清理删除。

快手运营一点通

良机总是稍纵即逝的，评论区引流涨粉也是一样，越快越好。如果你是作品下第一个留言评论的，那么你的留言评论就很可能被其他人点赞，成为热评的概率也会越高。

"懒人式"玩法：不需创意，一样能吸粉百万

在"网上冲浪"刚刚走入人们生活的时候，网络上便对"懒惰是否使社会进步"的辩题陷入了喋喋不休的讨论。个别网友提出的观点非常有趣，例如："懒惰推进了艺术文化的兴起，如果不是古代那些诗人无所事事四处游玩，哪会造就出《兰亭集序》《望庐山瀑布》等名留千古的诗篇佳作""懒惰推进了科学技术的进步，因此才有了汽车、飞机的发明，取代了人类最原始的走路出行""懒惰促进了商业形态的发展，以往人们购物必须亲自出门，有时即使只是为了买瓶酱油，也要在去商店的路上耗上一定的时间，于是，懒得不想出门的人便开始研究电商"。

对于懒惰是否真的促进社会发展，我们暂且不谈，而在快手上，一些"懒人"玩家却已经找到了"懒人式"玩法的出路，成为玩家中的佼佼者。我们都知道，在快手想要赚钱的前提是自己首先要具备一大批粉丝，而吸引粉丝最快的方法就是进行引流。那么，对于性格上有些慵懒的玩家，这些"懒人式"的玩法可谓算得上是非常有用的攻略了。

目前，快手上流行的一些"懒人式"玩法基本上都不考虑创意和技能。也就是说，现实中的你即便没有什么特长，也一样能在快手上引到流量。具体方法实操也非常简单，我们可以在网上搜索大量的碎片化内容，可以是某些经典名著中的名言警句，也可以是一些抖机灵的小段子。只要这些内容足够优秀，能吸引人们观看即可。然后直接打开快手，将你所收集到的素材以口播的形式录制出来，直接上传到快手就好了。

"懒得背书"的老铁们也可以将这些句子打印或是写在一张纸上放到镜头的后面或是下载一个提词器，将文案全部导进提词器里，然后照着读就行了。很多人

一开始在面对镜头时或许都会表现得极不自然，录制出来的视频素材看起来有些生硬别扭，这需要自己多花时间进行练习。这并不难，毕竟我们的目的只是拍摄快手短视频作品，而不是上台主持节目。

快手上的很多网红都在使用这种套路，如果你留心观察就会发现，他们发表的见解并非自己的独家见解，而是在网络上流行多时的段子。但就是这些早就"说烂"的段子，经过这些人的加工录制成视频，也能收到极好的效果。

除了"说段子""玩梗"之外，"懒人式"的视频也可以做成"社交聊天"的对话形式。这需要我们将找到的一些段子素材改编成实时聊天的形式，这种有趣的对话很容易勾起观众的猎奇心，因为他们想知道当对方抛出一个问题时，视频里的主角要如何接招。参考快手网红"阿跪的快乐生活"，在他的作品中，场景往往十分简单，基本是主角阿跪出镜与画外的妻子进行"灵魂对话"，妻子根据近期热点事件询问阿跪的看法，阿跪则云淡风轻地为妻子答疑解惑。阿跪表情生动丰富，结尾的反转笑料十足。"阿跪的幸福生活"以这种方式很快在快手吸粉80多万。

另外，也可以将有趣的对话用两个手机或是两个微信账号互相发送，并且在互发的过程中，用手机录屏工具将聊天的过程录制下来，并最终直接上传到快手上。这种对话，除了在内容上有一定的吸引力以外，对话式的视频同样需要把控时长。这需要我们在搜集素材设计对话时就做好内容时长的把控。最后，在上传视频时也可以根据对话内容想一个有震撼力的标题，以调动观众的情绪，例如"七夕节前夕，女友竟然提出了分手……""中元节深夜，我竟然看见了……"等。

以上是常见的快手"懒人式"玩法。除此之外还有很多，老铁们可以自行摸索，在这些玩法的基础上衍生出更"懒"的玩法。

快手运营一点通

> 快手上流行的"懒人式"玩法，完全不需要创作者拥有独特创意和技能特长，只需要找准一个方向，持续稳定地输出内容，一样可以在快手上获取流量。

本章操作要点总结

在短视频行业蓬勃发展的今天，很多机构和个人都想入局快手来分上一杯羹，但是当他们来到快手后才发现，别说美味的羹汤，就是一口白粥也不容易分到。因为缺少流量，很多快手玩家前期都面临着作品没有播放量，没有曝光，没有点赞的状态。

本章重点解释了流量、流量池的概念以及零资源账号如何启动流量池和未来裂变的思路及方法。现如今，"酒香不怕巷子深"的时代早已经过去，无论是做什么事情，都要懂得给自己做营销。而成功营销的前提则是引流。快手玩家如果想获得更多人的关注，就必须找到适合自己的宣传方法，让更多人看到自己的作品。

第 7 章

涨粉：
提高用户活跃度和黏性的技巧

很多快手创作者将大量的时间和精力都放在了账号的引流上面，尽管有些创作者在短期内获得了不少粉丝，可是由于自己在运营上面的疏忽，并没有做好后续维护工作，导致初期积累的大量粉丝又迅速地流失掉了。因此如何降低粉丝的流失率，是目前大多数运营者所关心的一个问题，这个问题也是转化前的最关键一步，做好了粉丝留存这一块，基本上就可以将粉丝价值开发到最大化。在本章中，我们将主要探究快手用户的黏性问题，并重点介绍快手达人常用的留粉招式。

粉丝的本质，是对价值的追随

粉丝是网红的追捧者，那粉丝所追求的究竟是什么呢？其实，无论是网红的颜，还是网红所显露的才艺，都只是粉丝追逐的一小部分。事实上，粉丝们更多关注的是偶像们能给自己带来怎样的"价值"。

在快手，一个三观端正、积极维护粉丝的网红可以给粉丝带来很多美好的东西，他们除了用作品给粉丝带来感动与欢乐外，也能带给粉丝很多正能量以及前进的动力。比如，一些快手网红经常会利用评论区和粉丝互动，表达自己内心的想法，包括正确的价值观和自己目前正在做的一些公益事业或活动。一些真爱粉会听从偶像的号召，在往后的生活中尝试去了解公益活动，并有一定可能参与其中，把关怀和爱传递给那些需要帮助的人，让社会变得更美好。

追逐网红，在某种程度上是在"追自己"。有些真爱粉在面对网红时，他们面对的其实是一种自己理想中的生活人设。他们在现实生活中处处碰壁，因此他们迫切想要将自己的精神追求构架在偶像身上，希望自己的未来能和偶像一样优秀。

新媒体时代，网红输出自己影响力的方式无非三种：写文章，录音频，拍视频。对应的三种载体分别是文字、音频、视频。对于网红而言，输出什么样的价值，也是极其有讲究的。如果你输出的内容太过普通与大众化，其实是很难从千万短视频创作者中脱颖而出的，同样也无法让粉丝快速记住你。

想要成为网红，就必须表现得与常人有所不同，越是有爆点，越是输出特立独行的价值（不能是负能量），就会越容易被用户注意到。例如，快手早期网红"可爱的小来哥"的成名就是靠着"音乐+搞笑段子"相结合来输出自己的价值，尽管现在看来小来哥当时表达的个别观点稍显稚嫩，但是类似的观点足够爆炸，所以他能火。

快手运营一点通

> 时至今日，网红已然成为当代精神文化生活的重要组成部分，明星网红的公众性决定了其一言一行必然会对粉丝产生巨大的影响，因此作为创作者，面对粉丝时尽量做好强有力的正向价值输出，讲好中国故事，传递正确价值，展现网红魅力。

为粉丝精准画像

随着快手平台更加精细化的运营，越来越多的短视频创作者开始意识到只有吸引到精准的目标用户才能更好地实现账号变现。那么，如何把握"精准的目标用户"呢？这就需要我们用到粉丝画像了。

什么是粉丝画像

从没接触过账号运营的人或许并不清楚粉丝画像是什么意思。粉丝画像，简单来说就是根据粉丝属性、粉丝习惯、粉丝偏好、粉丝行为等信息而抽象描述出来的标签化粉丝模型。再简单一点说就是给粉丝打标签，通过这些高度概括的标签，使创作者可以更好地认识粉丝、了解粉丝、理解粉丝。

粉丝画像的作用

粉丝画像具体有什么作用？《孙子兵法》有云："知己知彼，百战不殆。"我们只有对粉丝群体了如指掌，才能在未来的创作上更加精准地为粉丝提供服务，优化内容，给粉丝们提供更好的观看体验。

从哪看粉丝画像

网上很多教人做自媒体的用户，总是在他们的教程里提到"飞瓜数据""卡思数据"，但事实上，并不需要这么麻烦。我们通过快手也能看到相应的粉丝数据，具体方法有两个：第一，从账号的"侧边栏"找到创作者中心，点击进入即可找到粉丝数据分析；第二，关注快手官方账号"快手创作者中心"，从"快手创作者中心"的账号主页里找到"数据概览"，也能看到自己账号的粉丝数据分析。不过需要注意一点，只有当我们的账号超过 50 个粉丝后，该功能才能自动开启。粉丝数量低于 50 人的账号并没有查看粉丝数据的权限。

如何分析粉丝画像

做快手短视频，由于创作者之间选择的领域不同，粉丝画像自然也不同，但是粉丝画像分析的角度大致相同，可以从以下五个方面进行分析。

1. 人口属性

人口属性包括性别、年龄、学历、角色、婚姻等人的基本信息。

2. 兴趣特征

不同年龄段的人，有着不同的角色，其兴趣也相差甚远。例如：二十岁的用户关注娱乐游戏；三十岁的用户关注亲子教育；四十岁的用户关注美食旅行、文化历史等。

3. 地域属性

粉丝的行为有时候是带有很强的地域属性的，地域属性包括粉丝所在的城市、粉丝所处的社区或是粉丝的一些行进路径等。

4. 心理特征

不同的人或是同一个人不同年龄阶段都会有不同的心理特征，其包括能力、气质、性格。

5. 行为特征

不同粉丝有不同的行为路径和行为倾向，比如活跃时间、活跃天数、阅读路径等。

建立粉丝标签

通过从不同的角度对粉丝数据进行分析，就可以给粉丝建立标签了。标签可分为静态标签和动态标签，比如粉丝的基本信息一般都是静态的，但是粉丝的心理、态度、行为等，却是动态的。所以给粉丝建立标签时，要从两个方面去建立。

基于同一内容同一目标想要吸引的粉丝，是存在一些共性的，这就与每位创作者所选择的短视频领域有关了。例如，你所选择领域是体育赛事，那么你就要给想看体育赛事的粉丝建立标签。建立粉丝标签的目的是优化你的内容，为粉丝提供更好的体验。

快手运营一点通

关于粉丝画像的深度分析，是创作者做快手账号的过程中不可或缺的。做好粉丝画像，基于粉丝画像输出更好的内容，快手运营之路才会越走越远。

百万粉丝和千万粉丝账号的特点

看到自己的快手账号增长粉丝，绝对是每个创作者最欣慰的事情，这意味着自己所做的一切努力都没有白费。可偏偏快手涨粉是一件很难的事情，也是令很多创作者都感到焦灼的问题。

在快手上，不少创作者坚持拍摄、发布几十个作品后，粉丝数量依旧没有太多突破。那么，快手短视频如何快速涨粉？老铁们又该怎样打造百万粉丝账号呢？别急，我们先看几个火爆快手的网红达人的案例，从这些百万粉丝、千万粉丝的网红身上寻找"流量密码"，看看他们的账号有什么特点，他们是如何在快手上走红的。

迷藏卓玛：独特的身份和环境

迷藏卓玛在快手上拥有200多万粉丝。卓玛的家乡位于四川甘孜藏族自治州稻城县赤土乡贡色村。因为地处偏远高原，交通不便，在卓玛成年之前，她甚至都没有去过县城。

与生活在四川甘孜藏族自治州的很多农村家庭里的孩子一样，在农忙时节，卓玛要去收青稞、挖虫草、采松茸，而农闲时则要去当地景区工作。卓玛接触快手的时间是在2017年，一次偶然的机会，卓玛在朋友的帮助下，下载并注册了快手。原本她只想"安安静静"地做个普通用户，默默欣赏他人的作品，可没想到，她随手发布的自己和家人在高山上采摘虫草的视频却意外在快手走红——50万播放量，超过1万点赞以及上千条评论让这个性格腼腆内向的藏族女孩有些诚惶诚恐，这是她第一次见识到互联网的力量。更让卓玛感到意外的是，有几百位"老铁"私信询问她虫草的价格。于是，卓玛搭车去了县城，第一次使用邮政快递将虫草邮寄给外地的用户。仅这一段十几秒的视频，就让卓玛赚了3,000多元，这相当于在县城里打工一个月的收入。从此，卓玛便与快手结缘，开始发布自己的日常生活里的小片段。除了经常上山挖虫草和松茸，卓玛也在视频里展示当地群众的生活风貌，放牦牛、打酥油茶、跳民族舞蹈、结婚风俗……

到了2019年，卓玛与丈夫在老家成立合作社，依靠快手直播带货，帮助其他村民销售山货。在随后的5个多月采摘季里，卓玛通过直播卖出了300多万元的货，上百名村民从中受益。卓玛借助快手平台，宣传家乡的风土人情，帮村子脱贫致富的故事被国内多家主流媒体报道，就连美国《时代》周刊也刊登了她的故事。

卓玛之所以能在短期内迅速涨粉，除了自己少数民族的身份令人感到好奇以外，更重要的是她从一开始就在作品里表露了自己真实的采摘经历并间接展示了商品（虫草），且能持续更新作品。卓玛的作品都是她或家人持手机拍摄的，虽然没有高大上的布景灯光、道具，也没有反转的剧情以及精心设计的台词，但高原绮丽的风光和当地人特有的纯真质朴却令很多人为之着迷。而且卓玛在发布视频的时候也都做了简单的封面标题，让粉丝浏览自己的主页时可以直观地知道每个作品大致讲述的内容是什么，这样既方便粉丝浏览，也能加深粉丝对自己的印象。

蜀中桃子姐：将美食和情感有效联结

蜀中桃子姐是快手上的美食红人，和迷藏卓玛一样来自四川，快手粉丝超过650万，仅一年时间，她作品的浏览量就破了1亿。桃子姐的作品多围绕老公、孩子等农村家常内容。她最早录制视频作品时主要以简单的美食教程为主，后来逐渐改变了风格化，开始融入生活情景。

桃子姐的视频不仅展现了美食的制作过程，同时还通过桃子姐、丈夫包立春、孩子等人之间的真实日常互动，为美食注入了浓浓的烟火气和人间情，使得账号具备了更加炽热的温度，加深了与用户之间的情感联结。

"蜀中桃子姐"的涨粉原因主要在于主题贴近生活、内容真实平淡，具有浓浓的"人间烟火气"。打开"蜀中桃子姐"的快手主页你会发现，所有的视频除了都有桃子姐本人出镜，还有她的家人和朋友们的出镜。粉丝们纷纷表示除了向她学习做饭，更喜欢看他们两口子拌嘴以及朋友们之间来往的日常，很真实。

桃子姐的成名之路相对轻松一些，同时也给美食类达人做号带来一种思路，即将美食+情感有效联结，在实用性之余，提高账号的情感密度。

上官带刀：不追求数量，以过硬的质量取胜

作为快手搞笑短视频的一匹黑马，上官带官从作品发布的初期便备受关注。上官带刀的作品更新速度并不快，甚至可以说是非常慢。从2015年年末发布的第一个作品算起，到2021年的六年时间里，上官带刀仅在快手上发布了120个作品，平均算下来一年才更新创作20个作品。数量虽然不多，但胜在质量过硬，每个作品都是上官带刀精心打磨过的，剧情紧凑，笑料十足。

截至 2021 年 10 月，上官带刀的快手粉丝数量已经突破 2,400 万，近期发布的作品基本上也都达到了十万量级的点赞。在人才济济的快手，上官带刀凭什么在更新如此缓慢的情况下还能爆火呢？

这与上官带刀入驻快手时间早有很大的关系。在 2015 年，许多自媒体从业者还在把精力放在类似公众号、今日头条等平台的图文创作上时，上官带刀就已经开启了自己的短视频之路。当短视频风口逐渐出现，众多自媒体创作者纷纷向短视频转型时，上官带刀就已经在快手上收获了一大批忠实粉丝。可以说，上官带刀的成名有一大部分原因是他踩上了短视频的风口。短视频作品过硬的质量，让上官带刀很早就在快手上具备了一定的名气。相较于快手其他千万级的网红，上官带刀拍摄一部作品的周期很慢，尽管催更的字眼在他的评论区里频频被人提及，但他依旧遵循本心，用心拍好每一部视频作品，而不是用粗制滥造来应付粉丝。"态度决定高度"，上官带刀对待作品一丝不苟的态度，让他在众多短视频竞争者中立于不败之地。

快手运营一点通

> 快手上很多网红的成功经历都是独一无二、不可复制的，但我们可以借鉴他们成功的方法和经验，这能极大地缩短我们的成长时间。

使用个性化的语言或动作

使用个性化的语言或动作塑造人物，是文学、影视、动漫等作品中经常使用的方法。如今，这一方法也已经被运用到打造快手网红人设上，以便快速涨粉。较为独特的个性化的语言或专属动作对于网红来说就像是一张身份证，能够让观众从数千万的快手短视频从业者中认出自己，并记住自己，从而关注自己。

在快手，很多用户或许不知道谁是"冬泳怪鸽"，但一定听过"奥利给"。2019年，一位辽宁的短视频创作者，仅凭借一句"奥利给"迅速在快手走红。夸张的表情，加之对生活表现出来的积极乐观精神，冬泳怪鸽的作品开始被其他平台的创作者进行二次创作，最火的那段时间，哔哩哔哩网站的"鬼畜区"几乎被他一人所刷屏，众多哔哩哔哩平台的创作者靠着改编冬泳怪鸽的作品收获了大量的关注。

2020年6月，在快手公司成立九周年之际，快手官方制作了一期励志演讲的宣传片，片名为《自己的英雄》，而担任这次演讲的人正是冬泳怪鸽。冬泳怪鸽本名黄春生，"70后"的他非常热爱游泳这项运动，尤其是冬泳，因此他在入驻快手平台时便给自己起了一个乍听之下有些令人费解的名字——冬泳怪鸽。

黄春生生活困苦，他不但要赡养年迈的父亲，同时还要照料患有脑瘫的弟弟。为了给弟弟治病，黄春生散尽家财，带着弟弟四处求医看病，而他本人也因此背负一身债务，陷入困境，直到现在仍然孑然一人。早些年相亲时姑娘听到黄春生的条件，都会立即被吓跑。被拒绝的次数多了，黄春生内心也变得释然。"我们是世间的尘埃，却是自己的英雄。"黄春生在快手九周年的宣传片中娓娓道来，与其说这是他为快手九周年的庆祝，不如说这是他对自己艰难处境的呐喊。

"这个片子很接地气。"这是很多快手用户的观后感，尤其是当很多人了解了黄春生的故事后，再回头看他的视频，那一句经常在他作品中出现的"奥利给"是那么振奋人心。

"加油，奥利给！"这是冬泳怪鸽爆火之后对于粉丝的致谢，一句简简单单的话语包含了尝尽人间百味的辛酸。无论什么时候，冬泳怪鸽都只是想通过"奥利给"来为大家提供一种面对困苦生活时向上的积极心态。与广大的快手玩家一样，冬泳怪鸽在没有走红之前，也只是一个普通至极的小人物，没有什么豪情万丈的远大抱负，仅仅是想通过小视频记录下自己的心路历程，希望这句"奥利给"能够温暖每一个看到他作品的用户。而冬泳怪鸽的这种努力，也最终有幸被大家所认可，也令他成为一名快手网红。

  事实上，像冬泳怪鸽这样能在快手上创造专属金句并收获名气的创作者并不多，这与运气无关，更多的是那些试图追梦的玩家热情逐渐褪去，从一个创作者又变回了浏览者。想从一个寂寂无闻的素人成为万千用户瞩目的网红不仅需要方法，更需要坚持。

  冬泳怪鸽的这句口头禅并非自己入驻快手后才发明的，早在快手上线之前，冬泳怪鸽在生活中也一直经常大喊"奥利给"，在这句话火到出圈之前，这句口头禅已经被他说了很多年，只不过碰巧在快手平台火了。

  在冬泳怪鸽的一百多个快手短视频里，有半数以上作品都出现了他的口头禅"奥利给"，几乎达到了"洗脑"的程度。以至于人们说到"奥利给"，就想到冬泳怪鸽；一说到冬泳怪鸽，就会想到"奥利给"。

  除此之外，那句入选"2019年中国媒体十大流行语"的"我太难了"也同样出自快手平台的另一位创作者。他们在作品里不断重复的口头禅在观众眼中就是他们独特的闪光点，同时也是记忆点，此外更是保持粉丝黏性的秘密武器。至于这些内容元素到底是真的还是剧本，至少创作者本人并不在意，只要观众爱看就行，这也不得不令我们思考个性化语言对创作者打造 IP 的重要性。

快手运营一点通

  以前，人们常说："时势造英雄。"现在，一句能火起来的流行金句同样也能造就"英雄"，如果各位读者朋友日常生活中有什么经常说的口头禅，不妨加进视频作品当中，说不定你的这句口头禅就会引领下一个潮流。若是实在没有自己的口头禅，我们也可以多搜集一些知名作家的名言名句，稍做改动后加以使用。

利用话题标签进行引流

在快手，短视频创作者在运营、维护账号的过程中，除了保证自己每期的作品质量外，还需要掌握一些涨粉的小技巧。例如，围绕着平台的热门话题进行创作能够让我们的短视频作品更大概率成为热门视频，涨粉变现。

"话题标签"是快手在发布作品时的一项基础功能，与微博的作用类似，都是在某个词语前添加"#"，使其成为话题标签。无论快手还是微博，当短视频作品或微博帖子被创作者添加了话题，那么其内容就会被平台上关注该话题的用户更大概率看到。因此，话题标签并不是根据"创作者心情"随意添加的，至少应遵循以下两点。

视频内容与话题相符

在我们设置短视频标签时，一定要根据视频内容添加标签。例如，你是美食领域的创作者，你的这期视频也与美食有关，那么你可以给作品打上"美食"的话题标签，如果作品拍摄的是某地的小吃，还可以加上"小吃"或者"地方小吃"的话题标签。这样平台系统就可以规避掉一些由于算法识别不精准所引起的标签错误问题。

控制话题标签数量

任何短视频平台，标签数量都是有限的，因此我们要珍惜每一个话题标签位置。此前快手平台最多可以为一部短视频作品添加 5 个话题标签，而在 2020 年下半年的一次版本更新后，每个视频最多只能添加 3 个话题标签，那么如何利用好这三个话题标签，是每位创作者需要思考的问题。

  一般情况下，视频添加的第一个话题标签对应的是视频的领域，也就是说游戏类视频就选择游戏领域，家教类视频就选择家教领域，并不难理解。而设置第二个和第三个标签的时候，我们要做的就是将视频领域进行细分。例如，我们发布的是世界杯足球比赛的视频，那么我们设置的第一个标签可以是"足球"，随后的两个标签则根据视频内容进行设置，如果这个作品主要表现某位足球运动员的风采，可以将这名球员的名字设置成第二标签，将这个球员所在的球队设置为第三标签。按照这种模式为作品设置话题标签，平台为你的作品所匹配的用户精准度就会比不设置话题标签高很多。

  此外，短视频时代，每时每刻都有各种各样的事件在全网传播，每天总有那么一两件热点事件能够抓住多数人的眼球。作为短视频创作者，每当有这样的事情发生时，我们都应借机蹭一些热点，这样做可以吸引观众的注意力，带来可观流量，达到事半功倍的涨粉效果。

快手运营一点通

  为作品设置话题标签是一件很重要的事，既可以让精准流量直达，也可以在作品发布很长一段时间后，通过话题标签被再次激活，源源不断地为自己引流。

利用"连麦PK"增粉

直播形式有很多种，才艺、游戏、相声、颜值、吃播……无论何种类型，只要直播内容轻松有趣，都能吸引众多观众进入直播间。快手平台为了丰富直播内容，于2018年推出了"PK"模式，主播与主播之间可以互相选择，也可以随机PK，PK模式给快手直播添加了更多的趣味，也让一些短视频创作者、小主播找到了"流量密码"。

对主播而言，参与PK的好处有很多，PK是英文"Player Killing"的缩写，其引申义为"对决"。既然是对决，势必就要分出输赢，而输赢的关键在于哪方的粉丝送出的虚拟礼物更多。

PK期间，双方主播为了取得胜利，会不留余力地进行拉票。站在粉丝的视角上，自然不希望看到自己关注的主播输给其他人。如果花不多的钱购买虚拟礼物就能让自己喜欢的主播免受PK失败后的小惩罚，那自己还是非常愿意掏钱的，尤其是当参与PK的双方都是小主播，一两块钱就能影响一场PK的胜负走向时，即便平时看直播没有付费习惯的观众，可能也会在主播吴侬软语的哀求下送一些虚拟礼物捧场。

只要有观众肯送礼物，主播的目的就达到了，因为快手直播有各种人气排名榜，例如地区人气榜、直播小时榜等，这些榜单是根据主播直播间的人气和收到的礼物来综合排序的。也就是说，主播收到的礼物越多，主播的排名就会越靠前，平台对该主播的流量扶持力度也就越大。

此外，连麦PK期间，双方主播也可以为对方进行导流，让粉丝去关注对方主播，这种做法类似于商业里的资源共享，双方主播都能从中获益，实现共赢。

在快手，利用连麦PK快速涨粉的实例有很多。例如，"刘二狗"依靠与大主播们连麦PK，2个月狂揽850万粉丝，3周流水近千万元，实现了粉丝与直播收入的双向暴涨。刘二狗巅峰时期，曾在与快手一哥的直播PK中创下分值5亿的平台记录，一战成名，被粉丝视为"PK战神"。

作为主播，我们同样可以学习那些PK主播的成功经验，复制他们走过的路线，通过连麦PK让自己快速涨粉。

快手运营一点通

主播在连麦PK时最忌讳的是什么都不做，傻傻地发呆，这样做既浪费时间，又浪费机会，所以尽量要把气氛搞起来。

本章操作要点总结

在短视频创作者入局短视频行业的早期阶段，他们最关心的问题往往是"如何增粉"，而当创作者的粉丝数量增长到一定数量的时候，新的问题便会呈现出来——与传统行业的用户忠诚度相比，在互联网自媒体的世界，粉丝的黏性很弱。也就是说，如果创作者与粉丝之间的黏性不高，粉丝早晚有一天是会取消关注的。

以往，我们常说"得粉丝者得天下"，但到了现在这个阶段，内容创作者除了要不断吸引更多粉丝外，还应花一定的时间提高自己在粉丝心中的价值，增强自己与粉丝之间的黏性，从而为以后的变现提供更多的可能。

第 8 章

广告变现：

通过植入广告与商家合作赚钱

作为创作者，当我们在快手上拥有一定的粉丝基础后，我们就该考虑如何运用自身在平台的影响力来实现流量变现。在快手上，常见的变现方式有三种：广告变现、电商变现以及直播带货。其中，广告变现是最为直接的，只要与商家建立合作关系即可，之后按照合作方的指导拍摄、发布视频作品就可以获得一笔不菲的广告费用。那么，我们怎么做才能找到有合作意向的商家呢？本章，我们将重点介绍快手广告变现的流程及相关具体实操方法。

接取官方的广告赚钱

在快手，当你的账号拥有一定量的粉丝后，广告商们就会自动找上门，号主通过接广告就可以轻松实现盈利，一些快手大V通过这种方式甚至年入千万。通过接广告变现是大V常用的盈利模式，尤其是各领域的顶级大号，几乎每条账号都隐晦地植入了广告。当然，作为内容创作者，如果不能接广告变现，是无法持续创作好的内容的，所以，快手官方是认可这类变现视频存在的。不过有一个前提：发布广告任务的商家和接单的短视频创作者必须在快手官方唯一达人生态营销平台"磁力聚星"上进行操作。

什么是"磁力聚星"

"磁力聚星"的前身是"快接单"。快接单是快手旗下的达人生态营销平台，由北京晨钟科技于2019年研发推出，具备一定粉丝基础的快手达人可以通过快接单功能接受商家发布的APP下载、淘宝商品推广等订单，拍摄视频并获得相应的推广收入。

2020年9月，快手官方宣布"快接单"正式改名为"磁力聚星"，并宣布磁力聚星达人作品在保留私域分发的基础上，正式接入公域流量，同时在用户关注页和发现页展现。

磁力聚星权限如何开通

创作者想要开通磁力聚星是需要一定的门槛的，不同的功能，相应的"解锁条件"也各不相同，磁力聚星针对达人提供了四种参与任务功能，即指派视频任指派直播任、招募视频任务、招募直播任务。

符合表8-1中开通门槛的达人，可以在以下两个入口，自助开通对应的功能：

1. 快手APP或快手极速版APP—侧边栏—"设置"—"我的聚星"；
2. 快手APP或快手极速版APP—侧边栏—"创作者中心"—"我的聚星"。

有快视频（指派视频任务）和快直播（指派直播任务）功能的达人，在收到平台给自己发布的专属任务后，会收到私信和短信通知。达人只需手动接受任务，按任务要求，上传视频即可。

表8-1　快手达人开通磁力聚星的条件

功　能	功能描述	达人加入门槛
快视频	指派视频任务	机构达人或粉丝数≥5万的非机构达人
快直播	指派直播任务	机构达人或粉丝数≥5万的非机构达人
快任务	招募视频任务	1万≤粉丝数≤500万
	招募直播任务	

开通磁力聚星（我的聚星）后如何接广告

当粉丝数量达到开通磁力聚星（我的聚星）的功能后，就可以在快手官方账号"磁力聚星"里根据自己的领域找到相应的商业推广任务。这样在开直播或是发布短视频作品的时候就可以让粉丝看到你所推广的产品了。粉丝通过你的视频连接购买的商品越多，你得到的收益就会越高。

磁力聚星有哪些注意事项

当我们成功开通磁力聚星（我的聚星）以后，在选择开始任务之前一定要仔细查看任务的投放要求，因为不同任务的要求是不一样的。如果没有按照要求去做的话，很大程度会影响我们的收益。例如，有些磁力聚星任务，商家会明确规定让主播或短视频创作者口播介绍产品。如果我们没有按照商家的规则来做，大概率会被快手官方判定没有完成任务。所以，想要在磁力聚星里赚钱的老铁，一定要看好商家设置的硬性推广条件。

不依靠磁力聚星，创作者们可以自己接私活吗

不可以。因为在快手平台，任何网红接私单的行为是被快手官方明确禁止和打击的，这是快手官方对合作厂商品牌的一种保护，同时也是对消费者的一种保护。毕竟，电商若是缺少监督和管控，有些被利益冲昏头脑的商家和主播很可能沉瀣一气，做出危害消费者，甚至违法的事情。作为平台监管者，快手官方有义务和责任来建立一个良好的电商环境，为商家和消费者服务。

2020年3月30日，快手官方运营团队颁布新规："严格限制未经官方平台承接的非合规商业内容。"对于"非合规商业内容"，快手给出明确解释："非合规商业内容指未通过快手快接单官方平台，私下收取报酬并在快手发布的商业推广内容，包括但不限于在短视频或直播中通过产品描述、效果吹捧、促销活动、打折信息、优惠券、兑换码等方式诱导用户下载APP、引导购买、导流站外平台、诱导线下交易等带有商业推广性质的内容。"

对于非合规商业内容及账号，快手会视情节轻重，给予警告、限流、屏蔽、断播、短视频权限封禁、直播间权限封禁等处罚措施，并保留追究法律责任的权利。

2020年8月21日，快手官方就因此事下发了一起处罚通报，通报显示，由于部分主播自售或协助他人售卖劣质商品，已对旗下十几个网红主播作出了罚款及封禁的处罚。在被处罚的主播里，甚至包括拥有1,300多万粉丝的大网红，除了直播间被封14天，该网红还被罚款1万元。而这还不是处罚最狠的，在违规名单中另一位拥有2,000万粉丝的网红更是被罚69万元。

从磁力聚星正式更名以来，快手官方一边对违规乱象加大力度治理，一边积极邀请明星参与试图破圈。这背后，关乎快手的自身形象与未来的商业良性发展，快手官方接二连三地挥出重拳，肃清平台销售环境，无论对普通消费者，还是对短视频、直播带货的达人们，其实都是有好处的。

快手运营一点通

作为快手创作者，在变现的过程中我们应时刻遵循平台规则，不要试图去钻空子，以免受到快手官方制裁，封停账号，因小失大。

入驻 MCN 机构，合作赚钱

快手为创作者提供了多样化的商业合作模式以及商业变现渠道，让很多用户既能在快手展现自己的魅力，同时获取一定的收益。有很多收益不错的主播，他们都入驻了快手 MCN 机构，成为签约主播。这些主播在直播的过程中获得的收益跟平台是有比例分成的，这种模式能够增加曝光量，同时也能让主播的收益更高，所以说这是一种共赢的合作模式。对于众多的主播以及视频创作者来说，加入快手 MCN 机构是非常有必要的。

什么是 MCN 机构

MCN（Multi-Channel Network）这个概念是舶来品，源于国外成熟的网红经济运作，是一种多频道网络的产品，将 PGC（专业内容生产）联合起来，在资本有力的支持下，保障内容的持续输出，从而最终实现商业的稳定变现，是有能力服务和管理某领域下一定规模账号的机构，内容包括视频、直播、图文等多种形式。

作为短视频创作者，我们并不需要清楚掌握 MCN 的运作细节，我们只需知道，MCN 机构具有一个称号，那就是"网红工厂"。MCN 机构的管理者会在快手全面搜索、签约具有网红潜质的艺人，其目的就是孵化出一些优质的短视频创造者及直播网红。

MCN 提供的价值大致分为两大类：信息价值和效率价值。它们有较强的内容判断和制作视频能力，同时有很强的流量采购（投流）能力和控制力，能够从内容生产和消费两端实现调控，形成匹配。通俗一点来说，一个好的 MCN 机构是具备内容策划、形象包装、现金推流等能力的公司，它可以极大地缩短优质创作者走红的时间。另外，MCN 机构的变现能力也比普通创作者要强大许多。

入驻 MCN 机构的优势

入驻正规的 MCN 机构不但可以获得巨量的流量扶持，此外还有其他隐性优势。

1. 变现能力上的优势更加明显，达人可以通过 MCN 机构接触很多高质量客户，并能借助机构的影响力，提高自身的议价能力。同时，MCN 机构除了平台之外，也会拥有其他领域的资源，例如产品代言、线下活动等，同样可以赋能给达人们，实现双赢。

2. 可以更快得知官方发布的活动。我们知道，快手官方团队平时发布的活动都是以系统消息的形式来发布给每个用户，让每个用户去参与的。而在加入了 MCN 机构以后，MCN 机构有时会提前收到官方的活动消息。这能让 MCN 机构旗下的创作者，优先接触到未来的热门活动，提前拍出与活动相关的短视频作品。

3. 快手 MCN 机构旗下庞大的达人矩阵就像一个可以相互扶持的战队，大家可以彼此互推内容，进行流量导流。与此同时，机构内各成员之间也可以组成 CP，在作品里互动。不仅如此，快手 MCN 机构还可以发起活动建立内容矩阵，制造热点事件，吸引粉丝关注，突破流量瓶颈。另外，当创作者创意枯竭时，那些大型快手 MCN 机构团队还可以利用本身的 IP 孵化经验及成熟的运作团队，帮助创作者策划出关注度高的创意。

如何选择靠谱的 MCN 公司

理论上，达人签约 MCN 可以解决很多问题的，但究竟能否做到，要看具体签约公司是否靠谱，是否具有一定的实力，以及达人在公司达人版图中的地位。毕竟公司的资源是有限的，会有重点倾向更有潜质的达人。因此，当我们面临 MCN 机构的橄榄枝时一定要慎重考虑，合理选择。如何判断一个 MCN 机构是否适合自己，可以从以下几个方向进行考量。

1. 看资质

判断一个 MCN 机构是否存在，最直接的办法就是看对方的快手账号是否开通了"企业蓝 V"认证，如果一个自称 MCN 机构的负责人在联系我们的时候，对方的 MCN 账号却没有通过认证，那么我们就要当心了，对方极有可能是打着"MCN"的幌子行骗。

2. 看旗下有没有自孵化的现象级 IP

判断 MCN 机构的内容运营能力强不强，主要看公司旗下是否有自孵化 IP 的多次成功经验和成熟的方法论。自研型的 MCN 可以在原创内容运营上给予你切实的支持，签约型 MCN 则会在商业化和行业资源上给你帮助，而电商型 MCN 会在供应链和产品研发上比较占据优势。

3. 看官方排行是否在列

每个月快手都会在自己的官方账号"快手 MCN"上发布当月 MCN 排行榜，此外也会发布当月的垂类 MCN 新势力排行榜，比如玩乐、游戏、旅行、文教等榜单，这些都可以作为参考。

4. 看公司的定位方向是否适合

其实，很多网红选择 MCN 主要还是看自己的领域方向，如果是垂类领域带货达人，看公司是否有成熟的电商版块业务支撑；如果想走音乐唱作人路线，那就看公司有没有娱乐基因……

5. 优先选择大公司

大家可以从公司的发展脉络、公司背景以及幕后资方的背景判断出公司的文化、资源和势能。一般大公司具有头羊效应、资本实力、行业资源和成熟的公司体制，可以助力内容创作者降低风险，走得更长远。

📹 快手运营一点通

> 如果你决心在这个短视频领域长期发展，找一家适合的 MCN 合作，有耐心长期投资自己，共同成长，不失为一种好选择。

快手短视频植入广告的技巧

随着快手日活用户的火爆增长，众多品牌商也纷纷入驻快手平台，纷纷砸下重金进行广告投放。

不得不说，品牌商的大量涌入在短时间内的确给创作者们带来了利好，但同时也带来了一些问题：传统式的广告植入，无脑式的重复总是让人心烦气躁，不仅严重影响了创作者的人气，还会给粉丝造成不好的印象，继而造成粉丝的流失。但是，想要更好地变现，就必须解决这些问题，学会在短视频中植入广告的各种技巧。

那么，对于创作者来说，我们怎样做才能温和有效、天衣无缝地在短视频中植入广告，不让粉丝产生反感呢？不妨借鉴当下快手平台上达人常用的三种短视频插入广告的方法。

广告语软植入

台词软植入是指通过出镜者的台词把产品的名称、特征等较为直白地传达给观众，这种方式的好处是直接，也很容易得到观众对品牌的认同。但当我们在进行广告语植入的时候一定要注意，广告语的接入时机一定要恰当、自然，不要强行插入。

广告语软植入的方式非常适合美食、美妆、母婴产品的宣传推广。快手上一些美食账号的创作者就利用"探店"的噱头，对店内的菜品进行这种近似于直白的口播广告。这种方式不仅延展了美食视频的情节性和故事性（探店），同时也很好地对产品进行了推广宣传，可谓一举两得；而粉丝也丝毫不觉得尴尬反而觉得很有趣味。比如，某美食类网红在一条短视频中软植入的羊肉串就很受欢迎，他在短视频作品中引用了1986年春节联欢晚会里小品《羊肉串》的台词："保证您是吃一串想两串，吃两串想十串"。这条短视频作品不但播放量极高，也连带着让这家烧烤店的客流量很快就上了一个台阶。

商品作为道具植入

在传统影视行业里，植入商品是剧组经常使用的拉赞助的方法。从电影行业商业化开始，几乎每部电影或多或少都在剧情中植入了商品实物或者品牌LOGO。在视觉上，这种实物的方式比较直观，能够让观众更清晰地看到商品实物。在短视频火爆之后，很多网红也开始在植入广告的过程中，学习并尝试运用这种形式来达到商品或品牌宣传的目的。不过，在一个一分钟或是时长更短的短视频作品里，如果太频繁地对道具进行特写的话，也是会让粉丝感到不适。

因此，我们在对商品出镜的情节构造上，要设计得更加精巧，尽量在不违和的前提下，向粉丝们展示商品及用途。生活中一些常见的商品，比如零食、服装、饰品等商品是很容易设计出镜情节的，成片后看着也很自然。短视频达人接广告，其实最不愿意接的就是冷门商品或者与自己领域不相符，甚至自身形象与产品属性相差较大的广告。但如果合作方"给力"，出手阔绰，我们也不是不能考虑接下这份推广，但这就非常考验我们的创意了。如果我们可以把广告出镜的画面拍得有趣，其实粉丝也并不是不能接受。例如，快手上坐拥460万粉丝的网红"手工耿"，他在一期名为"做吃葡萄的手机支架"的作品中，就为一款某品牌的折叠手机做了一次非常有趣味的广告。在这个视频中，手工耿为了宣传这款折叠手机的质量，突发奇想地将手机当成了"门合页"来用，如此创意，着实令人惊叹。

场景植入

与道具植入不同的是，这种方式是把商品或者品牌融合进场景背景中，通过短视频的情节使商品或品牌"自然露出"。例如，有些服饰穿搭领域的短视频创作者在出席商务酒宴时会对着镜头这样说道："每个商务人士至少都要有一套正式的职业装，那么正式场合的着装如何挑选才能显得大方得体又符合自己的年龄和社会地位呢？我就跟大家分享一个我常买的牌子。"这种场景植入的形式凸显了西装的得体和商务范，可以说非常成功。

一般来说，一个短视频都有一个特定的主题，即便作品时长不超过半分钟，但是如果创作者能在前半部分把握好自身视频的风格来进行主题的叙述，那么通过巧妙的转换，就能够创造出情景，继而通过广告进行铺垫渲染。

快手运营一点通

> 如何让"广告不像广告"？用户体验始终都是首位，在视频的创作上，我们应注重情节设置，避免广告植入过于生硬。相较于硬广，用户能减少对信息流广告的抵触心理，将注意点更多地放在视频内容上。

本章操作要点总结

快手的迅速发展为电商提供了新的渠道。作为短视频领域的主力，快手在2019年推出"快接单"功能，开始发力广告业务，为广告主提供流量和平台，广告植入一时间成为众多创作者的收入来源。本章中，我们重点介绍了快手的广告变现、MCN、广告软植入等知识。作为内容创作者，我们在做产品推广视频时必须要关注用户的体验。现在的短视频更强调互动性，因此广告推广的产品是否正规，产品本身是否会影响用户的观感，都是在变现的过程中必须把关的问题。

第 9 章

电商变现：
通过快手卖货赚钱

快手发展到今天，它的商业化开放度已经变得非常高，这与快手电商始终如一的重视、赋能中小商家，为他们提供流量红利、运营指导、培训服务等有关，在各环节的紧密配合下，共同促进直播电商市场规模不断扩大。超强社交属性、用户黏性高即是快手的特点，也是快手发展成为电商新势力的资本，此时入局快手电商并不晚。

快手电商变现的准备工作

快手短视频如今已经成了电商的"带货神器",二者互为补充,短视频为电商带来了流量,电商为短视频提供了变现的渠道。想靠快手电商进行变现的老铁,不妨从以下四个方面进行切入。

了解产品特性

一般而言要想向用户推荐产品,我们首先要了解产品的特点与优势。不同类型的产品在外观、材质、尺寸、功能和安全性等方面肯定有所不同。对于特定品类的产品,我们更要侧重地了解其特性。例如,对于电子类产品,我们要重点了解其外观、功能、安全性等方面的特性;对于服装类产品则要侧重了解其外观、材质等方面的特性。不管我们是要推广产品还是品牌,都要全面了解产品的特性,这是一项基础性的工作,只有用心去做,接下来的后续工作才能更好地开展。

撰写产品文案

当我们全面了解了产品特性后,就要用适当的文案形式表达出来,但是要注意文案不能太枯燥。文案需要注意以下三点。

1. 内容要有趣:无论是以短视频的形式还是以直播的方式展示产品,都要注意不能把产品文案变成枯燥的产品说明书,而要让文案内容尽量有趣一些,否则根本无法吸引用户。

2. 增强故事性：如果我们想采用短视频的方式为商品带货，那么我们可以设计一段剧情，让粉丝沉浸在产品的应用场景中，但需要注意的是要平衡好产品特性与剧情之间的关系，既不能过于突出产品导致用户出戏，也不能让用户完全注意不到产品的存在。

3. 突出关键性：有的短视频创作者总是习惯于在产品文案中将产品的全部特性都罗列出来，且没有主次之分，这样容易导致用户不了解产品的特色在哪里。因此在构思文案的时候，我们要围绕产品的关键特性进行，这样才能让用户看了之后对产品的印象更加深刻。

选择展示方式

无论是拍摄短视频还是直播，我们都要为产品选择最恰当的方式进行展示。这需要我们充分发挥创意，运用特效、对比等手段来展示产品的特性。例如，有些服装领域的带货播主，他们在做带货短视频时，场景并不局限在服装卖场，而是以街拍、外景为主进行拍摄。

引流推广

完成了上述的步骤后，就可以开始考虑做推广了。以短视频推广为主的老铁，可以提炼标题关键词，对封面文案进行设计，有条件的也可以考虑购买快手官方的付费推广服务，以提升短视频的热度。而以直播为主的老铁则要做好直播的预热工作，在开播前一天，将自己直播的时间、主题等信息预告给粉丝。

此外，我们也要做好评论区解答的工作。对带货短视频而言，视频创作者对评论区的维护能极大提升商品的转化效果。

快手运营一点通

> 电商变现，是所有以赚钱为目的新媒体创作者的终极诉求。但是，变现是最终结果，如果我们想要这个结果，就必须做好前期的每一项工作。

快手小店的开通和日常维护

"快手小店"是2018年下半年快手APP上线的商家功能，旨在为快手上优质的用户提供更便捷的商品售卖服务，高效地将自身流量转化为收益。短视频创作者（持有营业执照的商家）开通快手小店后，只需简单设置，即可将商品关联到快手视频或直播中，粉丝可以通过观看及点击，直接跳转到商品链接并完成购买。

如何开通快手小店

在快手APP主页左上角的侧边栏内依次点击"更多"—"小店订单"—"开店"，根据页面提示完成实名认证后即可开通快手小店。

快手小店店铺类型有三种："企业""个人""个体工商户"，不同性质的店铺需要的资质也不一样。但无论哪种类型，都需要申请者具有相应的资质，包括但不限于营业执照、经营者（法人）身份证正反面。

此外，快手对某些类目的商品管理十分严格，比如护肤彩妆类商品，则需要经营者额外递交商品信息和链接，待快手官方审核通过后才能上架销售。

开通小店是否收费

开通小店不收取任何费用，但创作者通过快手小店销售商品，无论是直接开通店铺售卖商品还是通过快手小店推广售卖其他平台的商品，都是需要缴纳店铺保证金的。保证金最低缴纳标准为500元。

如果商家开通的店铺是经营特殊类目商品的，除了缴存店铺保证金之外，还需要缴纳特殊类目店铺保证金。如果是跨类目经营店铺，一般按照就高原则来收取。

在经营的过程中新增类目保证金标准如果高于店铺当前保证金余额，是需要另外补足差额后才能新增成功。

同时，平台还会根据商家店铺上个自然月的销售情况，对商家店铺保证金进行调整。例如，如果商家上个自然月的销售额为 7,000 元，那么店铺保证金由 500 元调整至 3,000 元，作为店铺经营者，我们则需要补缴 2,500 元的保证金。简单来说，快手小店的保证金数量是根据商家的每个自然月的销售额来进行调整的，并非一成不变。

如果商户存在违规（包含但不限于延迟发货、虚假发货、欺诈发货、缺货、销售假冒伪劣商品、销售商品描述或质量抽检不合格等）情况的，因违规关店二次开店的，或商户、商户所销售产品供应商受到行政机关调查处罚或与用户及其他第三方存在纠纷等情况的，平台有权提高商户的保证金金额，提高金额为违约造成的损失总和，或平台设定的其他金额。

此外，当小店有了销量以后，经营者还需要缴纳一笔技术服务费，大部分类目商品的技术服务费率为最终成交金额的 5%。也就是说，通过快手小店每卖出 100 元的商品，经营者就需要向快手缴纳 5 元的技术服务费。当然，这笔钱是订单交易成功后，快手平台自动扣除的，无须经营者亲自操作。

快手小店运营与维护

老话说："开店容易守店难。"这句话用到电商领域也是一样的，当我们申请的店铺通过审核后，如何运营才能让店铺一直做下去呢？

1. 及时了解粉丝（消费者）的需求

以良好的服务态度去解决顾客们的疑惑，让他们感受到我们是真心为他们服务的，从而满足他们的购物需求，对于经营者而言这是最基本的要求，只有优质的产品和服务才能换来粉丝的好评和复购。

2. 及时了解市场的变化趋势并调整经营战略

现如今，很多商品，尤其是电子类产品更新换代的速度是非常快的，因此我们的快手小店在经营的过程中也需要根据市场的变化来调整我们的经营战略，如果我们的经营方略不顺应市场的变化来调整，那么店铺是难以经营下去的。

此外，商品的价格根据市场不断在变化，可能前一秒，我们还信誓旦旦地跟粉丝保证，店铺内销售的某件商品的价格已经是全网最低价，而下一秒就有竞争对手将商品的价格调到更低。因此，我们在店铺运营的时候要对单件商品价格的全网走势有一个清晰的认识，同时也要对重点推广商品做好价格监督，如果发现有其他店铺以更低的价格来销售这件商品，那我们就要思考，究竟是对手赔本赚吆喝，还是自己进货的渠道有问题。如果是后者，我们就要及时想办法（与厂商降价、找新供应链）将商品价格降到最低。这一点对于快手小店店铺运营是非常重要的，这样做可以维护好消费群体（尤其是粉丝）的广泛利益，从而来为我们的店铺提供一个稳定的流量人气和销量利润。

3. 店铺运营要学会分工协作

对于快手小店来说，运营操作其实涉及很多环节和细节的，因此作为店铺的运营者，如果在有条件的前提下，最好组建团队协助店铺正常运营。尤其是当店铺销量涨势良好时，单凭个人力量几乎难以完成所有的工作事项，只有团队分工协作，才能提高店铺的经营质量，将快手小店运营得更好。

快手运营一点通

店铺运营是一门非常深的学问，并不是看了几篇攻略就能轻易掌握，何况快手平台的电商规则一直在优化更改，想要搞好店铺运营，光有理论基础是不够的，我们唯有亲身实践不断摸索，才能取得真正的进步。

如何根据粉丝特点选品

快手电商赚钱吗？答案是肯定的，赚钱。

每个人都能在快手赚到钱吗？并不是。事实上，在快手尝试电商创业的内容创作者中，大多都以失败告终。影响快手电商运营成功的因素需要很多，产品推广、低成本引流、物流售后……不过很多带货达人们则认为做好快手电商的第一步就是如何进行正确选品，如果选品错误，极大可能在创业之初就走了弯路，甚至是错路。

针对快手电商的选品，带货达人们以自己的亲身经历，总结出不少经验，对于快手电商的选品具体建议有如下几点。

正确选品的宗旨

1. 快手电商选品的核心要求：品质高，价格低，符合快手电商特性，满足粉丝群体需求，突出自己的特色竞争优势。此外，选择推广销售的商品也必须考虑以下六点。

（1）市场潜力巨大，利润率比较高。一般来讲，网红在选品时，单品的利润率最少要达到20%，甚至30%的利润。

（2）适合物流邮寄，产品体积比较小、重量轻（降低运费）、不容易破损（降低退货率）。

（3）商品使用（或操作）简单。很少有带货达人选择"类似于需要指导安装"的产品，因为消费者后续的投诉率和客户服务成本都非常高。

（4）商品质量过硬，基本上不需要有什么售后服务的产品。

（5）有自己独立的产品设计，包括产品研发能力、包装设计能力等。

（6）不要违反平台规则和我国的法律法规、知识产权，特别是盗版或者违禁品。这种产品不仅赚不了钱，甚至需要承担法律风险。

快手电商的成功的核心在于差异化的特色，包括特定的目标市场选择，差异化的客户需求满足，个性化的店铺核心竞争力（价格、款式、销售策略等）。最近几年，越来越多的带货达人开始学习如何通过"大数据"来选品，其中不乏一些能够触类旁通的聪明人在运营数据工具选品的时候，同时也在悄悄地给自己店铺进行店铺特色定位，包括店铺装修的设计、产品款式的设计、差异化的价格策略等。与连"选品"概念都不清楚的"电商小白"相比，这些达人在电商的起步阶段就已经遥遥领先。

2. 浏览其他电商平台选择热销产品，闲暇时我们可以抽空到各大电商门户网站观察这些电商网站的热销排行，特别是那些最新款式的产品。

3. 部分社交媒体的热词已经成为电商选品的风向标，内容创作者的店铺生命力的核心就是抓住终端客户，而现在最大市场需求信息聚地就是在社交媒体，例如微信、微博等，许多商家都在这里了解人们的习惯和兴趣，并时刻关注社交媒体的热词，例如2020年东京奥运会双冠王杨倩在参赛时佩戴的小黄鸭发卡，很快便在社交平台上引发了大家的讨论和追捧，一直关注社交媒体的商家也在第一时间便开始联系货源。网络社交的流行词更迭的速度非常快，但只要能在话题发酵期做足准备工作，就能在话题引爆后赚得盆满钵满。

4. 像素级模仿优秀店铺。有些时候，我们可以不做第一个吃螃蟹的人，但一定要做第一批能吃上螃蟹的人。对于选品能力较弱的经营者而言，在平台内模仿优质店铺的选品策略是最快的，例如你想做零食的品类，那么你可以在快手小店里搜索关键词，找到平台上销量较高的店铺，仔细观察店铺的装修和选品情况，通过研究优质商家的店铺主页面我们可以了解到爆款产品的标题、关键词、市场定位、市场活跃度等。此外，我们也能在每款产品下面看到购买过商品的买家对商品的真实评价，根据买家的反馈，我们可以大致看出这款商品到底好在哪儿？哪些方面存在瑕疵？

如何选择一款真正赢利的爆款商品

相信很多人在做电商的时候，首先考虑的就是店铺能否盈利的问题，很多快手小店看上去现金流很多，但是本质上这个店铺未必真正盈利或者说盈利能力不强，那么对于一个快手小店的运营者而言，我们要优先搞明白究竟该怎样来计算一款产品的利润率。

通常，产品的利润率公式是这样的：产品利润 = 零售价格 – 供应商报价 – 物流成本 – 综合成本（人工、平台费用、包装、房屋水电、推广成本等），当你想要采购、上架某个爆款商品前，你完全可以到快手小店里找到对标店铺，在对标店铺内观察对方的商品定价以及销售业绩，之后我们再联系商品供应链里的同类供应商，大致了解一下该商品的进货价格，这样，我们就能大致算出一个爆款产品的综合运用成本以及商品的利润。

或许有的老铁会产生疑问，为什么一定要去算爆款商品的利润情况呢？因为所有高销量的店铺里都藏着一个"潜规则"或者说"小套路"，优质店铺的选品定位通常会遵循一个规则——"2:6:2"，即店铺内的所有商品里有 20% 是核心盈利产品（利润率超过 30%），60% 是常规产品（利润率在 10%~20%），最后的 20% 则是引流产品（利润率低于 5%，或者不赚钱）。由于引流产品的存在，我们可以发现并不是所有的爆款产品利润率都很高，有些店铺在重大的节假日或是店庆时，他们销售的低价引流商品甚至可能是亏钱在做的（当然，亏得不多），目的是给自己的店铺增加名气和吸引新用户关注店铺。所以，只有弄清每款产品的利润率，我们才能根据自身情况作出决定和调整。

对于电商行业而言，爆款产品绝对是一个店铺得以生存的核心，爆款产品不仅能给店铺带来持续的现金流，最重要的是爆款产品可以让我们建立起一批忠实的粉丝消费群体，增加粉丝对我们的信任，为我们今后打造爆款产品奠定流量基础。

如何打造一款爆款产品

想在快手电商里立足，每个快手小店都应该有自己的爆款产品，成为店铺成功的真正引擎，打造一款爆款需要做好下面四点。

1. 稳定的产品供应链。很多所谓的"爆款产品",其销量都是在极短的时间内便能达到一个惊人的数字,这就要求供货方必须具备超强的供货能力和反应速度。

2. 店铺的运营推广策划。其包括页面的设计策划、平台内直通车的运营推广、各大社交平台的推广策划等。

3. 绝对的优质服务和客户好评。你需要拿出真正的品质和服务,让客户由衷地满意。无论任何电商平台,决定一款商品能否成为爆款的前提永远是客户的满意度。

4. 物流服务的体验度。正所谓:"兵马未动,粮草先行。"想要做爆款商品,所有的准备工作都必须做好,当商品进入交付阶段时,物流就显得十分重要。必须要与体验度非常好的物流公司进行合作,对于网上口碑较差,运力较弱,物流投诉率久居不下的物流公司,即便运费再便宜,我们也要保持冷静,敬而远之。

快手运营一点通

形成爆款商品的最大因素就是客户的良好体验,爆款产品仅有好品质还不够,还要有良好的物流服务、售后服务等。只有客户真正满意的体验,才能成就商家真正的爆款。

本章操作要点总结

作为一名带货博主，当我们经历了培养粉丝的成长期，进入商业转化的变现期之后，如何继续保持涨粉，并且保证带来的粉丝是自己带货内容的受众，是每一位带货博主需要思考并解决的问题。本章中，我们重点介绍了快手电商变现的准备工作、快手小店的开通及运营方法，愿读者朋友能够从中得到收获，为更多的消费者营造出良好的消费体验。

第 10 章

快手直播：
新手直播破圈锦囊

当直播带货成为风口，许多老铁开始摩拳擦掌，跃跃欲试，希望能在直播行业里分一杯羹，可现实中并不是每个人都能得到自己想要的东西。在快手，有些主播缺乏耐心，急于求成，直播时不做任何铺垫，恨不得第一句就直接推销商品："我们的产品特好，拍一件吧！"试问，以这种方式进行直播带货，能有多少观众会作出回应？

直播带货，顾名思义，"直播"在前，"带货"在后。想"带货"的前提是我们必须做好"直播"，若是直播内容不够优质，观众们对产品的购买欲望自然也就不大。作为主播，尤其是新人主播，我们在开启直播前必须做到所有能够想到的准备，只有让观众在看我们的直播时感到舒心，我们才更有机会将商品推销出去。

快手直播的"开通"流程

早在 2016 年初,快手就推出了直播功能,这比"抖音 APP"的上线还要早半年,如今,距离快手推出直播功能已经过去数年,开通直播权限的条件也是一降再降,从最初的官方邀请制,到后来的 1 万粉丝以上才能申请开通开播权限,再到现在用户几乎无条件、零门槛就能开通直播功能。能够看出,在快手官方不断摸索电商的道路中,始终都将"全体用户"放到了平台核心发展的位置上,正如直播只有让全民投入参与其中,才能真正实现全民直播狂欢。

不过,值得一提的是,尽管快手直播已经推出了很久,但很多用户依旧不清楚快手直播的注册流程。实际上,只要你具备开通直播的必要条件,仅需几分钟便能轻松开启直播。我们只需在快手 APP 的"设置"找到"开通直播",进入申请直播权限页面,按照页面提示,满足快手直播开放规则,即可开通快手直播功能。

在快手 version 9.8.21.6246 中,用户开通直播权限的条件为:

1. 账号注册时间超过 8 天;
2. 观看视频总时长达到 3 小时;
3. 当前账号状态良好;
4. 发布作品,并保持至少 1 个作品公开;
5. 作品违规率在要求范围内,粉丝数达到 6 个。

如果以上条件全部满足后,那么我们就可以继续接下来的操作,并能够直接开通直播的权限。

另外，若是此前账号未实名的用户，在申请开通直播权限之前，还必须完善账号的实名信息，按照规范上传本人身份证，否则无法通过直播申请。

快手上传实名制信息时，上传照片审核规范如下：

1. 申请用户面部清晰可见，手持身份证置于胸前，但不要遮挡住用户面部；
2. 照片放大后，身份证信息完整无遮挡，字迹清晰；
3. 双手手臂完整露出；
4. 为保证身份证信息清晰，拍照时务必将相机焦点对准身份证；
5. 确保提交的照片信息真实有效，切勿对照片及身份证信息做任何修改、PS、遮挡，否则将无法通过实名认证。

最后，快手平台为了更好地保护平台未成年用户的身心健康，做出规定："禁止18岁以下未成年人开通直播权限。"也就是说，未成年人是不能在快手出镜直播的。

快手直播共有四种形式：视频、语音、聊天室、游戏。开通直播权限后，用户在开启视频、语音、聊天室这三种形式的直播时，直接在快手APP内操作即可，而游戏形式的直播，则需要下载"快手直播伴侣"，这是一款专门为快手主播提供的游戏直播工具。手机端的快手直播伴侣支持安卓和IOS两大主流系统的使用，同时对设备的要求并不高——安卓手机需要在5.0以上系统，推荐手机内存2G及以上；苹果手机则需要在9.0以上系统，可以使用iPhone 7/7 Plus、iPhone 6s/6s Plus、iPhone 6/6 Plus、iPhone SE、iPad Pro、iPad Air/Air 2、iPad mini 3/4等设备。可以说，快手直播伴侣这款应用对还在使用老款式手机的老铁们真的非常友好了。

快手运营一点通

开通快手直播权限无须用户掏一分钱，如果遇到声称可以付费开通权限的人，请谨慎对待并第一时间向快手官方进行举报。

直播间的布置技巧

对于一个普通用户而言，他们刚进入直播间时，直播间的整体搭建便决定了他们的第一观感。因此，主播做直播准备时，直播间的布置就变得尤为重要。新人主播主要应从两个方面去入手直播间的整体搭建工作，分别是场地、背景。其次，产品陈列架、辅助写字板可以根据自身直播内容去做布置，不一定非要布置。

场地

直播场地的大小要根据直播的内容进行调整，大致控制在8—20平方米，个人主播场地标准为8—15平方米，团队直播场地标准为20—40平方米，可以选择家中的一个房间或者自己的线下门店。

如果是美妆直播，8平方米的小场地即可，如果是穿搭、服装类的直播，要选择15平方米以上的场地。另外，要提前测试场地的隔音和回音情况，如果隔音不好或者回音太重，都会影响直播的正常进行。

背景墙

直播间最好以浅色纯色背景墙为主，以简洁、大方、明亮为基础打造，不能花里胡哨，因为颜色太过杂乱的背景容易使人反感。

背景可以是书柜或者是素色窗帘，不建议直接用白色的墙作为背景，因为白色在灯光的作用下会反光，尤其是我们在展示产品时，很容易给用户造成镜头模糊、看不清楚的困扰，这就涉及布光的知识了，搭建直播间，布光也是非常重要的。想要精准地对场景进行布光，需要弄明白主光、辅助光、背光、侧光、实用光源等概念以及这些光的使用技巧。如果你能将这些光巧妙地加入你的布置中，你会发现直播时，整个画面看起来会更加有层次感。不过，这种布光技巧的提升是非常缓慢的，需要长期的摸索和试错，并且前期效果并不如变换布景的效果来得明显。

在搭建背景墙时主播应遵循两个重要的原则：

1. 所选用的道具风格要和个人人设的风格调性符合；

2. 除非为推广某款道具（商品）有意为之，否则道具的摆放位置不宜抢眼，不然就会喧宾夺主，导致观众的注意力从直播商品转移到道具上，这就背离了我们布置背景墙的初衷。

产品陈列架

一般服装类直播间都会有一个衣架，上面挂满了衣服，美妆直播间则是一个小小的化妆柜。陈列架更好地展示产品，让直播间看起来整洁有序。产品陈列架不是必需品，但如果直播间特别小的话，建议把当期直播的产品摆放在镜头里。

辅助写字板

辅助写字板是主播在介绍产品时的一种补充说明，能帮助主播提高成交率。假设你是做知识付费内容的主播，在直播过程中辅助写字板能起到画龙点睛的作用，一目了然地告诉观众知识要点，显得主播更加专业，也能很好地提高知识付费产品的成交率。

快手运营一点通

> 搭建直播间是一个实践的学问，只有主播亲自尝试，才会有更深的体会，因为很多事情即使看再多的攻略和教程，也不如亲自上阵尝试直播一次所收获的经验多。

直播带货所需的硬件设备

影响一场直播的因素有很多，其中最关键的当属硬件设备。直播画面清晰，观众才有看下去的心情，如果你仔细观察过猫妹妹、李佳琦等的直播间的话，就会发现他们的直播设备非常讲究，画质、音质的效果都是行业顶尖的。

尽管我们无力承担专业设备的价格，但如果你已经下定决心做直播带货了，那么开播前的相关设备也一定要准备好，用不起贵的，可以找下位产品来替代。

高性能电脑

早在直播带货行业兴起之前，电脑就已经走进了千万用户，成了人们日常工作、学习、休闲娱乐必不可少的电子设备。电脑在全世界范围内的普及程度虽然很高，但这并不表示所有的电脑都可以用来直播。就像所有软件都会公布的"要求最低配置"一样，做直播同样也需要电脑配置，如果电脑配置太低，就会造成直播画面卡顿、模糊不清等观众体验极差的一系列问题。如何判断一台电脑的主机是否适合直播，最简单的方法就是这台电脑目前能否"带得动"特效全开的大型游戏，例如《英雄联盟》《魔兽世界》等。如果这些比较"吃配置"的大型游戏都能运行得非常流畅，那么百分百可以断定你的主机以及所连光纤网络都是适合开直播的。

摄像头

当下，越来越多的俊男靓女投身到直播带货的行业，对于颜值较高的主播来说，好的形象能够吸引更多的粉丝。因此，很多人在摄像头的选择上都比较舍得砸大价钱，毕竟一款性能好的美颜摄像头可以大大提高直播效果。

摄像头的主要参数为fps，当fps不低于30，在直播的时候就不会出现卡顿现象。另外，就是摄像头的像素可以适当选择的高一些，不过需要注意的是，高像素摄像头对宽带也有更高的要求。因此，在选择摄像头的时候，除了价格因素，我们也要将网速考虑进去。

专业声卡

在直播所能用到的设备中，摄像头和麦都可以与所有电脑兼容通用，但声卡是个例外，声卡分内置声卡和外置声卡。

内置声卡只能用在台式电脑上，且电脑主板必须有空置的PCI插槽；而外置声卡主要用在笔记本上，也可以用在台式机上，通过USB插口接入。

好的声卡品牌有很多，其价位也是从几百元到几千元不等。什么样的声卡才是适合自己的，这要根据自己的预算和真实情况来定。至于内置声卡和外置声卡哪个效果更好，这也是无法用三言两句讲清的，简单来说，声卡的效果好不好主要还是要靠用户进行调试。通常来说，内置声卡相对稳定一些，但很多主播更喜欢用外置声卡，主要原因是外置声卡拆卸方便，即使是不懂电脑的小白也能轻松搞定。

电容麦

电容麦也被称为电容话筒，很多主播之所以青睐电容麦是由于电容麦的音质和灵敏度都要优于动圈话筒。尤其是唱歌类的主播，更加适合电容麦，因为电容话筒能录下更多的泛音元素以及更多细节，非常适合在室内无杂音的环境下使用。相比摄像头和专业声卡来说，电容麦的价格更低一些，基本上100多元钱到200元就能购置一款新手入门级的电容麦。聊天型或者收入不高的主播，买这种麦克风一般也就够用了。如果是唱歌主播或者收入高的大主播，可以购买配置高的麦克风，毕竟一分钱一分货，高档的电容麦在录歌时音效会更好。

直播设备三大件——摄像头、专业声卡、电容麦。这三种设备中摄像头最为重要，投资上可不要太过于节约。一般来说，对于下定决心想要直播带货的朋友来说，这一套设备购买下来，花上个几百上千还是值得投入的；如果目前手头比较紧也不用灰心，我们可以暂时先选择用手机进行直播，虽然画质、声效稍差，但至少不需要购买摄像头，而电容麦和独立声卡则可以选购入门级新手套装，两者加在一起，有的网店起价也只有一百五十元而已。

其他设备

灯光：灯光种类太多，主要介绍摄影灯、天使环形灯和小灯泡。摄影灯这种灯光打在主播脸上最柔和，效果最好，但价格稍贵；相比摄影灯，天使环形灯更适合从未打过光的新手，而且天使环形灯的功能也很强大，既有均匀面光效果，还能调节色温和亮度；小灯泡则是性价比很高的灯光，几块十几块钱就能买到，调节好亮度和角度，效果不一定比价格昂贵的灯差。

手机、麦克风支架：也许很多人没有使用过这种支架，但一款实用的支架，其好处不必多说，释放双手的同时也能让设备足够稳定。

监听耳机：长时间直播除了腰酸背痛外，就是长时间戴耳机导致的耳甲腔受挤压而难受，因此选一款好耳机是很有必要的。

背景布、贴纸：可根据自己的喜好进行选择。

以上是室内直播所需的硬件，那么户外直播需要哪些硬件呢？其实单从设备上来说，做户外直播也并非我们想的那么难，如果你对直播的内容和质量要求不高的话，那么普通的手机或平板电脑都能够满足直播要求。稍微专业点的可以在户外直播时背上专业的摄像机和DV，当然做户外直播专业的设备一般耗电量较高，因此在设备的投入上，更关键的是保证足够电源能够进行长时间录制。除此之外，我们要需要有以下两种设备：大王卡和手机三脚架。

大王卡：一般做户外直播，我们需要手头备一张超大流量卡，如果做大型直播的话，可以配上多路汇集编码器等。

手机三脚架：在长时间拍摄某个场景的情况下，三脚架显然比稳定器更加好用。

除了硬件以外，直播带货时还需要一些必要的软件作为辅助。而不同内容的直播需要应用的软件也并不同，其中包括但不限于直播美颜软件、录屏软件、手机投屏软件、OBS 推流软件、安卓模拟器。主播在直播带货时并不一定需要用到以上全部软件，只要能满足自己直播需求即可。

快手运营一点通

直播设备的配置，可以很讲究也可以很简单，选定了口碑较好的品牌后，再按需求选套装就行，同时直播设备并不是越贵越好，最主要的是能否符合自己的需求。

直播时音乐的选择

为什么你的直播间还带不出货？也许是直播间氛围做得不够好。表面来看，气氛这东西很"虚"，无非就是主播对着镜头大声吆喝、卖力表演，似乎对转化产生不了实质影响。然而事实却是，在直播电商领域，好的氛围能够为直播锦上添花，同时也能促使消费者下单。打个比方，你就是消费者，你在看快手直播时，某位主播上架了辣条，由于主播的话术平淡，甚至普通话可能都不标准，那么你大概率是不会花钱购买的。可就当你想要退出直播间的前一秒，直播镜头却突然切换到了辣条的特写，辣条上红油极为醒目，随后主播抽出一整根全部塞进嘴里，红油从嘴角肆意流出，再配合主播被辣到疯狂找水喝的"浮夸"演技，气氛一下子就被带动起来。而此时你的购买欲也一定会比之前高，在主播夸张的表演和辣条的特写下，你很可能就想下单了。

在直播带货领域，气氛就是直播间呈现给观众的强烈观感。气氛的构成既包括服装、背景、道具等有形元素，也包括音乐、音效等无形元素。有形的道具很容易引起主播的足够重视，只要与主题相符，都会被设计得非常精巧，贴合目标粉丝的喜好。而直播带货中，最容易被主播忽略的却是无形的元素，比如背景音乐。在快手上，那些每场直播销售额过万的主播在营造气氛上都是顶尖高手，他们知道哪类音乐适合自己的直播间，哪首曲子适合讲解产品，哪种风格的音乐更能营造抢购的紧迫感。这些技巧非常值得主播或运营人员学习和思考。

哪种类型音乐最合适直播带货

在快手，年轻用户相对喜欢的音乐有三类：电子音乐、DJ舞曲、网络流行歌曲。

在这三种音乐风格中，前两者比较适合直播带货，无论是电子音乐还是DJ舞曲，都具备强烈的打击感，能够调动起观众的情绪，与二者相比，抒情的网络流行歌曲反而在节奏感很快的带货场景下不太适用。

如何控制音乐，音响节奏

这里不得不引入一个互联网时代才诞生的新名词——场控。顾名词义，场控就是场面控制者（直播间管理员）的简写。场控是直播间里营造气氛的关键人物，一个称职的场控，能根据带货节奏，适时调整音量大小，并调整匹配音乐音效，活跃气氛和催单。

快手专业带货团队销售一件产品的基本直播流程是：主播讲解产品、助理上架改价、限时下单购买、产品下架。而在直播间之外，直播编导和其他工作人员各司其职，其中场控则需要根据主播的行为来切换音乐，控制音乐音量大小。例如，主播在讲解产品环节时，音乐的音量不宜太大，要能突出主播的人声，让受众能清楚地了解产品的卖点；当来到助理上架环节时，场控一般会调整背景音乐的音量或者直接切歌，换上激扬的配乐，让粉丝意识到上架产品的重要性；在最后的下单购买环节，场控则会选择节奏快鼓点强的音乐或伴奏进行软性"逼单"。

如果是个人主播，背后没有专业的团队进行协助直播，主播则可以兼职场控的职位，根据带货流程所处的不同节点来调整音乐，不过这需要主播对音乐类型的了解、操作直播软件的熟练程度具有极高的要求。在快手，很多身兼数职的素人主播通过理论学习和亲身实践，也已经跻身于带货达人的行列，"熟能生巧"是这些主播在总结直播经验时提到最多的一个词。其实，主播带货本身并不难，难的是坚持，是放平心态的持之以恒。

快手运营一点通

> 无论选用哪种音乐，都是为了能够增加粉丝黏性，留住直播间的粉丝。粉丝的喜好决定了主播的人气与收入，因此在音乐的选择上，我们的喜好并不重要，观众的喜好才重要。

与老铁聊天唠嗑不冷场

直播带货正在成为一种趋势，商家如潮水一般蜂拥而至。这让很多主播不禁感叹，直播带货越来越难做了，自己开播也就是混混时间，能卖就卖，不卖拉倒。如何才能吸引"路人"用户，让他们心甘情愿地掏钱购物？这是一个令很多主播感到困惑的问题，多数时候，他们会将卖不动货的原因归咎于自己人气低，直播间的观众寥寥无几。不得不说，这确实是个难以反驳的绝佳理由，可问题是，没有哪个主播是天生自带"人气BUFF"的，那些一场直播可以做到"6位数"销售额乃至更多的带货达人,他们在最开始的时候也经历过"从零开始"的磨砺与淬炼,为什么他们能做到,我们却不行?更何况,在快手,几乎每天都有崛起的新人主播,与这些人相比,我们究竟差在哪?

如果你经常看达人直播,那么一定不难发现,那些在直播带货圈子里混得风生水起的大主播身上几乎都有一个特点——能言善道。无论直播间弹幕刷得有多快,观众的情绪有多高涨,大主播们都能用话术"hold住"全场,通过聊天的方式与直播间的粉丝打得火热,尤其是他们能够在推销产品和聊家常中自由切换话题,很少发生冷场。其实,电商直播带货最好的状态就是做到收放自如,这也是大多数新主播所欠缺的。

很多时候,新人主播在直播时也会围绕着一个话题或产品与粉丝聊天,但总是聊着聊着就断了,随之而来的便是尴尬的冷场。如何应对和快速化解冷场,重新掌控直播间的氛围,具体有以下六个技巧供新人主播学习。

保持微笑

很多刚接触直播带货的主播经常会由于紧张或者其他原因导致面部表情僵硬、生理化颤抖、说话不自然甚至根本说不出一个字。这些行为是直播间频繁冷场的几个关键因素。直播间是主播和观众沟通互动的桥梁,如果主播自身无法克服恐惧,实时调动现场气氛,做到一对多交流,那么这个直播间的人气永远不可能有大的涨幅。

在直播初期,当我们的身体不由自主地出现颤抖时,可以通过微笑、卖萌使自己镇定下来,不要小看笑容的作用,在社交中,笑容可以快速拉近双方的关系,使对方更容易对你产生好感。

多说客套话

如果你是一个新人主播,每次开播的时候直播间的观众只有个位数,那么你可以在每个观众进入直播间的时候道一声欢迎。当有观众下单或是向你赠送虚拟礼物时,无论客单、虚拟礼物折现的价值是多少都要一视同仁,向这些观众表达感谢，让粉丝感受到主播的诚意与热情，并有意愿继续互动。如果你在某次直播时，超过一两个小时也没有观众下单或是赠送虚拟礼物，也不要直接当面向观众要礼物或是逼他们下单购物，这是一种很让人反感的行为。

在直播时穿插一些幽默段子

所有的新主播在开播时人气都不会很高，且愿意主动与主播交流的观众也很少，可一旦有互动的机会，主播就一定要抓住，争取将与你互动的观众变成你的粉丝。在直播间人少的时候，如果明显带不出货，那就不妨讲几个幽默的小故事或者脑筋急转弯。如果你经常看直播的话，就会发现其实有很多新主播都喜欢对着电脑屏幕读笑话，虽然这种形式略显生硬，但也不失为一种办法。更好的方法是，平时在脑海里多积累一些故事，在直播时可以随口说出来，如果段子的内容能与时下的热门话题相结合就再好不过了。

多聊一些自己的经历

正如前两年流行的一句网络语："我有故事，你有酒吗？"很多人都喜欢听故事，尤其是真实的经历。当主播实在找不到什么话题的时候，也可以多说一些有关自己的事情，哪怕只是生活中随处可见的小事，比如今天的天气如何，午饭吃的什么，味道如何，再比如最近被哪件衣服种草，一直想买却又狠不下心。言语间透露一种想买又舍不得的无奈，这时能听懂暗示并且觉得你直播有趣的用户或许会捧个场。

练就"自言自语"的本领

"自言自语"是新主播必须熟练掌握的一项技能，既然直播间冷清，那么你就得负责带动直播间的气氛，这时就需要主播展现"自言自语"的功力了。自言自语可以在一定程度上有效缓解孤单和压力，在《憨豆先生》中，主演喜剧大师罗温·艾金森就是经常对着自己的玩具泰迪熊自言自语。而在主播的生活中，新主播往往会因为人气少心生挫败，导致孤独，甚至自闭。为了调节、改善这种负面心理，主播可以用自言自语的形式来缓解情绪。

掌握交流尺度

在与粉丝和老顾客互动交流时，可以表现得更加热情，但要注意的是，尽量不要透露太多有关个人的隐私，比如身份信息、家庭住址，如果有粉丝想送零食、玩偶等礼品给你的话，可以让对方将物品邮寄到公司附近的快递驿站或者自提箱自取。

另外，对于新观众，也要把握好一个交流的度，不能为了照顾老粉丝而冷落新观众，忽略他们的感受。如果你在直播带货时一直和几个老顾客聊天，对进入直播间的新观众不理不睬，这些人肯定很快就会弃你而去。

快手运营一点通

> 带货主播是一份具有乐趣并且充满挑战的职业，想要在这条路上走得更远，我们必须时刻重视与观众的聊天方式，只有良好的沟通氛围才能让观众满意，让我们收获订单。

挖掘"痛点"，激发观众消费

痛点，是一切营销的诱因，同时也是一切商业和一切产品的根本策动点。

经济学家口中的"痛点思维"，本质上是一种问题思维——痛点解决之前，它是问题，意味着不适、痛苦、抱怨、隔阂、分歧、误解；而当痛点解决之后，则意味着舒适、机会、商机、达成一致、合作、财富。在直播带货行业，想获得成功，抓住消费者痛点是关键！

我们都知道，直播带货的销量从根本上讲来源于市场的需求，或者准确一点说是消费者的需求。身为主播，若是我们能够在直播时敏锐地发现观众的需求，并思考以何种方式说服观众，让观众有良好的体验，那么后面的事情就会顺理成章地发展了。

从某种程度上来说，直播带货和线下销售其实是相通的。两者都需要销售端（主播、推销员）直击观众的痛点，这会让对方认为主播（推销员）是在将心比心，站在自己的立场上为自己考虑事情。如何找出消费者痛点？主播可以参考以下两种方法。

运用线上搜索引擎

很多人在遇到难题时都会选择上网寻求帮助。这样，他们的疑问就会在网上留下相应的痕迹，主播可以借助各种搜索引擎进行查看。例如，我们在手机上打开百度的主页并输入自己行业的关键词，就可以看到这个行业的所有问题都集中在那里。

那些被提问次数很多的问题，就是消费者的痛点所在。除此之外，我们也可以在各大论坛进行问题检索，以查找那些困扰消费者的痛点难题。例如，早期的小米公司就是这样做的，在创立初期，小米的研发者开设了一个叫作"MIUI"的论坛，主要目的是方便米粉们交流和提问题，小米就是在论坛中不断地和用户产生链接，用户吐槽的每个痛点，他们都记录下来，不断地改进，从而塑造了小米今日的成就。

转变思维深入用户场景

在营销学的范畴中，那种类似于卖场的大型超市，就是一个很经典的深入用户场景的案例：超市的货架一般都是3层的，而中间的那层商品，往往比其他层的商品卖得快而且价格高。

为什么会出现这样的现象呢？通过调研人员不断跟踪消费者发现：根据人的

观看习惯和拿取的方便程度，可将货架空间分为上、中、下三种不同段位。其中，中段是黄金位置，最易被人看到和拿取，上段虽醒目但难拿，下段既不醒目又难拿，位置最差。因此，超市常把货架最显眼的黄金位置用来陈列高利润商品、独家代理或经销的商品、走货量大知名度高的商品，最上层通常陈列需要推荐的商品，下层则通常是销售周期进入衰退期的商品。这个经典案例表明，发起者就是要具体地参与到消费者的实用场景中，才能发现痛点，进而实现效率的最大化。

直播带货，是另一种层面的"超市营销"。我们一定要善于用新的思维去打破旧有的观念，互联网的商业逻辑在变，我们的思维也要跟着不断改变，只有亲自深入用户场景，了解底层逻辑，我们才能发现新的机会。

快手运营一点通

> 在竞争愈发激烈的直播带货行业，我们只有用心去挖掘粉丝痛点并真正解决粉丝的痛点才是能在这个圈子里立足的根本。

与粉丝建立信任

直播带货的本质在于营销，而营销的本质又在于建立与用户的信任。从传统的线下零售到互联网时代的内容电商、网红直播，销售的本质都没有改变，只是在销售渠道上不断换代更新。过去的数十年间，在商品生产还没有像今天这么丰富，信息传播手段较为单一的广播电视时代，人们会从电视购物，看着电视里主持人诚恳的表情，听着电视里的主持人不停地说"不要1,999，不要999，不要699，只要399，××产品带回家"，被这种煽动力洗脑，乖乖拨打订购热线。

而现在，当互联网时代来临，商品生产进一步丰富，传播手段也更为多元化，直播带货这种模式便应运而生。直播带货，向消费者产出的依旧是那些推销的内容，只不过承载信息的渠道发生了变化。而营销的内核，则还是需要主播与粉丝（消费者）建立信任。信任是一种情感与价值认同下的心理状态。在直播带货行业，粉丝的信任可以令他们产生消费行为。信任是社交关系的底层基础，它有明显的强弱之分，当用户对你的产品感兴趣并关注了你，则说明对方在一定程度上已经开始对你有所信任，可对方经常看你直播却迟迟没有下单，那你就该反思了，是不是自己在直播时有没做到位的地方。一般来说，粉丝经常出没于你的直播间，却又不买任何产品，大概率有以下两种原因：第一，他对你销售的产品感兴趣，但并无需求（或者说短期内没有需求）；第二，他并不完全信任你，他在观察商品的同时也在观察你。

对于第一种情况，我们可以通过话术进行引导。例如，在直播时，你可以说说"囤货"的好处，以及举一些自己或身边亲朋好友的例子，加深直播间粉丝对"有备无患"这个概念的认同，让他们明白，即便这件商品自己暂时用不到，也可以买回去囤在家中，到了需要的时候，直接就可以使用，既方便又省时。如果是第二种情况，那我们就要主动寻求方法，做出改变。

作为带货主播，不知道你是否对"信任"有过深度思考？你要明白，消费者与你建立信任的基础是他能从你身上得到价值，其次还需要对你产生认同。那么，怎样与粉丝（消费者）构建信任呢？广告学和市场营销学早就给出了答案。

电商领域，带货主播与消费者构建信任关系最少需要四个步骤。

第一，消费者对主播身份的认同。在粉丝看来，主播的性格、带货口碑不错，认为他是个靠谱的人。

第二，真实生活呈现。让粉丝多元化了解你现实生活里的样子，直播带货是短视频带货的"升级版"，因此你需要结合短视频让更多粉丝了解你的生活状态。一部分通过直播间关注主播的粉丝，会进入主播的主页看他之前发布过的短视频作品，如果粉丝在短视频中能够看到主播的日常生活，让粉丝从另一种更贴近生活的角度了解主播，继而弱化"推销员"这个身份，慢慢地，粉丝对于主播的信任感就会增强。

第三，价值观的认同。相同的价值观是主播进一步加强粉丝信任的关键步骤，当我们通过短视频和直播带货向粉丝输出商品时，一定要站在粉丝的角度，将商品的优点、缺点如实相告，并讲述自己对于商品使用的真实经验，可以略微美化，但绝不能夸大其词。

第四，互动管理。通常，人们的信任度是在相互的交流中进一步加强和维系的。我们知道，信任并非一成不变，并且信任是可以传递、再生以及强化的，而与粉丝深入互动则是信任再生、强化的重要手段。

了解了这四个步骤后，我们再尝试去分析为什么很多快手主播的商品卖不出。事实上，真正能从主播这里付费的有很大部分观众或者粉丝都属于社交中的"强关系"，只有基于对主播的足够信任，才愿意购物。而那些刚进入直播间的观众，由于信任框架没有建立起来、主播主页短视频广告内容太多、点完关注后与主播互动较少等原因，终究是不愿付费的。因此，带货主播想要将自己的商品推销出去，就必须解决这些问题，与粉丝创建信任。

快手运营一点通

> 流量对直播带货很重要，但直播带货本质上却不仅是流量的生意，只有当我们真正了解信任的机制和构架，与粉丝建立社交强关系，才能建立起自己的标签，在流量中获益。特别是对于刚涉足直播带货的主播来说，这种思维模式上的转换以及行为的转变绝对会是你弯道超车的绝佳途径。

带货时介绍商品要多维度

有些主播在总结自己的带货经验时说，直播时介绍产品往死"吹"就行了，没有必要做深入研究，什么"八星八箭""工匠精神""欧洲工艺""获得过××设计大奖""欧美最新潮流"，只要把亮点都"吹"出来，观众自然就会下单了。可实际上，如果直播卖货真的跟想象中那么简单，也就不存在那么多尝试一段时间，销售额冲不上去便决定"弃坑"的主播了。

做直播带货，介绍单件商品的黄金时间是刚开始的前五分钟，如果在五分钟内你无法吸引和说服观众，他们基本就不会下单，这也是为什么很多头部主播将单件商品的介绍时间设置在五到十分钟的主要原因。那么，如何抓住短暂的五分钟，向观众完整地介绍一款产品呢？其关键是要紧抓卖点，在短时间内多维度、立体式地介绍，不能太单一，力求尽快打动人心。一般来说，一个标准的直播产品介绍流程有以下四个步骤（见图10-1）。

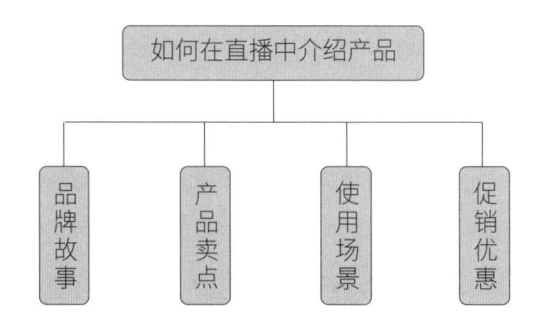

图10-1 直播带货产品介绍流程图

品牌故事

品牌故事可以简单理解为一个品牌或公司，讲清楚它的顾客是谁，要用什么方案为顾客解决什么问题，原因是什么，价值观是什么。在直播中讲述商品厂家的品牌故事，为商品做背书，能够增强用户对厂家的认同感以及对商品的信任度，甚至引起共情，从而购买商品。

例如："家人们，最近××新推出了一款洗发水，之前它们家一直卖的那款基本款，我从上高中那会儿就开始用了，七八年都没有涨过价了，厂家非常朴实。当然，它的包装也跟它的生产厂家一样朴实。之前进货的时候，有问过为什么不做一下包装升级，结果厂家的回答真的是感动到我了，他说如果包装升级了，就要换材料和供应链，成本就上去了，消费者复购时就要花更多的钱，没有那个必要……这真的是业界良心，国货之光啊！所以这次我一定要把这家又有良心又好用的产品推荐给你们。"

如果带货的商品并没有品牌知名度，我们则需要对品牌故事进行阐述，比如说说这个品牌是在什么样的背景下创立的，过程如何艰辛，创始人具有怎样的魄力，目前国内外有哪些名人正在使用该品牌等。对消费者反复讲述品牌故事会加深他们对该品牌的印象，同时主播在后面介绍产品规格、成分、功效等情况的时候也会显得有底气。

产品卖点

主播在提炼产品卖点时需要清楚的是，商品的核心卖点一个就够，其他非核心卖点稍微提一下就好，比如推荐一款面膜，目前市场上常见的套路就是"无脑吹"——这款面膜既能美白、又能补水，还能消除皱纹等，结果说到最后消费者也没明白这款面膜的优势到底是什么，感觉听介绍好像和其他牌子的产品都差不多。

在宣扬产品卖点时，主播应尽量突出产品的核心卖点，比如说自己推荐的这款面膜美白功能强大，产品运用最新的仿生技术研制而成，能够有效促进表皮细胞的自我调节能力，恢复细胞记忆，令细胞健康增值；和市面上的产品比起来，那些产品的美白功能效果连我们这款的一半都达不到。

线上产品营销，越是专注、精简的描述，就越能够让消费者记住。如果产品的核心卖点不够突出，主播也可以从产品性价比方面入手。

使用场景

大多数观众看带货直播都没有很明确的需求，时常是看着看着就有了消费的冲动，买回来了发现实际作用不大，要么低价放到闲鱼转卖，要么搁在家里吃灰。而随着"冲动"的次数多了，这些看带货直播的消费者慢慢回归理性，在下单之前会进行深度思考，自己究竟有没有买这件商品的必要。

因此，主播对于使用场景的描述，等同于是给消费者一个埋单的理由，激发消费者的心理需求。举例来说，在智能手机普及的时代，手机自带照明功能，那么传统的强光手电筒是否还有销路呢？可如果这时主播说，可以更换电池，方便购买者在露营时使用。仅一句话，对于那些偶尔节假日会自驾郊游的观众来说，一下就有了下单的理由。

除了给潜在消费者凭空描述出使用场景，主播也可以阐述自己的使用场景，以及使用感受，这种分享过来人经验的使用场景阐述，真实感更强，也更具有说服力。

促销优惠

在前文中，我们讲述了不少有关促销优惠方面的知识。之所以对促销优惠如此重视，是因为它在直播带货中的作用非常重要。很多商品，恰恰是有了促销优惠的推波助澜才创造出了高销量，继而成为热卖的爆款商品。当主播介绍了产品的品牌故事、规格参数、卖点及使用场景后，基本能让很多有需求的观众心动，但想要让心动转化为行动，促销优惠的手段必不可少。

促销优惠的方式有很多种，无论是代金券也好，限时价格打折也罢，其目的都是让消费者下定购买的决心。不得不说，促销优惠确实非常有效，它能对持有犹豫态度的消费者造成"致命一击"，彻底摧毁消费者的心理防线。

> 📷 **快手运营一点通**
>
> 在直播前，我们一定要想好产品讲解的流程以及包含哪些内容板块，这样我们就可以根据自己的产品和受众来进行模块筛选。此外，无论我们站在何种角度进行产品讲解，我们都要明确自己的目的是为勾起粉丝和观众的购物欲望，因此当我们在介绍产品时所说的题外话开始"跑偏"的时候，一定要及时用话术将主题拉回正轨。

本章操作要点总结

与短视频一样，直播也只是一种积累粉丝的方法和手段，在直播过程中如何让更多人喜欢你才是重中之重。很多新主播经常犯的一个错误就是在开播初期没有弄清自己的定位，其实无论主播还是网红，都是演员的一种，不管新主播尝试何种直播内容，都需要拥有表演的欲望和天赋。在镜头之下，主播呈现的是另一种人设，这是成为一名演员的基本条件。想要彻底摆脱"小白主播"的身份，戴上"大主播"的帽子是一个漫长的过程，需要新主播通过长年累月的坚持和积累，只有不断挖掘、留住更多的粉丝，新主播才能在直播的道路上站稳脚跟。

第 11 章

复盘：
不断总结反省，提升快手赚钱能力

一场直播的背后，工程可谓十分浩大，不仅开播前的选品需要耗费心力，开播后的数据复盘更是不容掉以轻心。尤其是对想提高自己带货能力的主播来说，数据复盘带来的成长是非常迅速的，有时候仅仅只是一个话术的改变都会演化为商品销量爆发式的增长，因此重视直播数据复盘，就是对自己最好的投资。

快手复盘的重要性

一场直播的结束，站在观众的视角看来是落幕了，可对于主播来说，还有很多后续工作需要处理，复盘就是其中比较重要的一项工作。复盘是围棋术语，也称"复局"，指对局完毕后，复演该盘棋的记录，以检查对局中招法的优劣与得失关键。

直播带货是一个非常庞大、精密而又复杂的项目。如果直播的效果不好，商品销售额不高，并不能简单地用一句"主播发挥不好"或者"产品选得不好"就能解释清楚。作为带货主播，我们想要提高直播带货的转化率，最有效的方法就是进行直播复盘，而且是每一场直播都要进行复盘。事实上，无论是李佳琦还是猫妹妹，他们每场直播结束后，都会对当天的直播进行一个全面的复盘，每天如此。通过对直播录像的复盘总结，他们可以及时地发现自己的不足并找到解决的办法，努力在下一次直播中做得更好。

快手复盘的重要性

直播复盘对主播来说是一项很重要的工作，其目的是给主播接下来的工作提供参考价值，简单说就是总结成败，吸取经验。通过复盘，主播至少可以得到三个方面的收获。

1. 工作流程化

我们知道很多工作都是有流程的，在直播时，我们可以用到一些技巧或是套路，这样能起到事半功倍的效果。但是这些方法并不是唯一的，当然也不固定，每个直播间都是不同的，我们可以根据自己的特点不断摸索最适合自己的方式，而复盘就是为了能让直播间的工作更加流程化。

2. 不断纠正错误

在回顾自己上一次直播录像的时候，主播能够发现直播中出现的问题和错误，如与观众在讨论商品的时候态度强硬、播报商品规格参数的时候出现口误等。对出错的部分记录下来，进行改正和优化，这样主播能够让每次直播都比上一次做到更好。

3. 经验转为能力

在直播中，主播总会遇到一些突发状况，也许在直播时主播没有太多时间进行思考，导致对突发状况的处理方式不太得当。而通过复盘，主播可以静下心来重新回顾整个事件是因何而起的，得到更多自己当时没有发现的细节，为之后解决紧急状况积累经验。

复盘属于方法论，每个主播可以根据自身情况去调整，但有一点是肯定的，主播应坚持将复盘当作一项长期的工作来做，而不是等到直播效果很差的时候才回过头来做复盘。另外，直播目标要预先设定，目标要具体，可量化计算，这样复盘的时候才能进行数据对比，从数据中发现问题所在，那些空泛的概念目标既不利于复盘，也不利于考核。

查漏补缺，做有计划的复盘

想要做好复盘，先要明白复盘的底层逻辑，即找到问题、分析问题、解决问题，然后做好复盘计划，只有做有计划的复盘才能帮助主播实现自我提升。

1. 回顾整个直播过程

在时间充裕的前提下，主播应尽量将自己的上一场直播从头到尾回看一遍。有些平台自带录像功能，很方便；没有录像功能的平台主播也可以通过使用录屏软件录制直播内容。在复盘的时候，主播可以把自己假想成一名普通观众，以一个观众的视角来看这场直播，这会使主播更能理解观众的感受，并发现直播中存在的问题。

2. 总结优点

主播要善于发现并总结直播中的优点。目的是加深记忆，在之后的直播中持续这种直播风格。

3. 列出问题

复盘中最重要的一环就是挑错。通过重看直播录像找出本场直播中存在的问题，并列出解决方案。在出现严重失误的地方，记录下来并告诫自己下次一定不能再犯。

4. 活跃度最高时要怎么做

观看整场直播的时候，在用户发表弹幕最多的时间段观察自己的表现，总结其中能够触达用户的点，可以在今后的直播中多次使用类似的玩法。

5. 对直播打分

每场直播结束复盘，主播都应给自己本场直播的表现打一个分数。打分的目的是让主播对整场直播有一个认知，因为一场直播下来，有得有失，打分可以让自己明确地知道是优点更多还是犯错更多。而且，记录每次直播的分数，都可以作为下一次的参考，有比较才有进步。

快手直播复盘是一项枯燥且难做的事情，特别是刚入坑的新主播。有些新主播在接触复盘工作没多久便感叹道："复盘好难，可以不做吗？"对此，主播们不妨反问自己："如果记录这一次复盘，可以让自己在下一场直播中多收获 10 名消费者，自己愿意做吗？"或许多数主播的回答都是肯定的。复盘，并不是浪费时间，而是在原有的工作流程中找寻新的思维和解决方案。

> **快手运营一点通**
>
> 直播带货中的复盘非常重要,这是区分新主播和大主播的重要标准。那些人们眼中的头部主播,他们超高的带货量其实都是在复盘过程中完成的,开播时他们只是在执行复盘后所做的策划而已。这也是头部主播常说的:"交易你的复盘,复盘你的交易。"

主播应从哪些方面进行复盘

我们知道,直播复盘的目的只有一个:为了提升下次直播的数据。那么,快手主播应该如何进行复盘呢?

人货场的复盘

直播复盘的第一步,应该是先进行"人货场"的复盘,毕竟"人货场"是所有直播间的"黄金三要素"。

1. 人员复盘

场控:场控作为直播带货的指挥官,同时也多为复盘的组织者,应随时观察直播过程中的任何事情,要时刻关注目标达成情况,在线人数低的时候要组织加大引流、上福利、留住人并增加互动等方案实施,对整场直播的稳定性和高效性负责。

直播场控属于直播运营的一个内容,过去场控可能不太会被重视。殊不知,一个好的场控有时候比主播更能带节奏,刺激粉丝在直播间的一言一行。这个岗位的重要性在不断提升,甚至部分早期的主播直播间销量有一半以上是场控创造的情况。

主播：主播是直面用户的第一人，一般来讲，如果销售的不是特殊产品，一般都会选用高颜值的靓男俊女，身高体重符合产品特点，口头表达能力强，应变能力强，抗压能力强。主播要有自己的对产品及直播间的独特见解，能主导或参与选款、卖点归纳、产品展示方式、直播玩法策划、复盘优化等事项。要有优秀的状态调整能力、语言表达能力、善于总结并持续优化的能力。

直播过程中，主播一般出现的问题是在线人数激增时无法承接流量、直播间节奏出现偏差、黑粉出现时临场反应能力弱、粉丝提出专业问题无法及时回答、产品介绍卖点错误且混乱、直播间号召力差、催单逼单付费能力弱等。

助理（副播）：在直播过程中，助理往往充当"捧哏"的角色，通常在主播介绍商品吃力时能站出来制造话题、烘托气氛；在粉丝要看商品细节时，负责第一时间给到产品近景；在做福利时，详细介绍规则及抽奖操作，直播间粉丝有任何问题都要冲到第一线快速解决。

副播在直播中会出现的问题是激情不足无法撑起直播间氛围，与主播配合不佳、产品细节展示不清晰、优惠券发放不及时、问题回答或者解决不及时、传递道具错误等。

运营：运营的主要的工作内容是为直播间引流，无论是直播预热时引流短视频的发布，还是直播过程中对于流量的投放，都需要及时做好输出。

试想如果直播间在线人数很低，哪怕其他人工作做得再好，也不会卖出多少商品，因此及时为直播间带来精准付费人群是运营的第一要务。直播过程中，运营出现的问题主要是引流人群不精准、转化率不足、上福利款时直播间人数偏少等。

2. 货品复盘

货品复盘主要是复盘直播间的选品逻辑是否合理，引流款、利润款、主推款的分配是否合理，过款流程的安排是否合理等，以及产品的核心卖点提炼是否到位，直播间的货品展示是否清晰美观等。

3. 场景复盘

场景复盘相较于人和货的复盘是比较简单的，主要是复盘场地布置、直播间背景、直播间灯光直播设备、商品陈列等。

直播数据复盘

直播数据是直播效果的真实反应，关注的数据点有很多。在复盘时，我们可以从中挑选出几个比较重要的数据源，用来进行复盘分析。

1. 人气峰值和平均在线人数

这两个数据能够最直观地反映直播间的人气，如果数据太低则基本没有变现盈利的可能，一般来说，平均在线 100 人以上就有直播带货的变现能力，当然这只是最低的条件。

2. 平均停留时长

平均停留时长反应的是直播内容是否具有吸引力。平均停留时长越长，说明观众对直播间的兴趣越大，一般取决于选品能力（商品优惠力度）和主播的话术留人能力。

快手直播带货类直播间的观众平均停留时长为 30—60 秒，而人气好一点的直播间的平均停留时长则在 2 分钟以上。如何将观众的平均停留时长从半分钟拉长到两分钟？这就需要主播从话术上进行挽留，例如当有新观众进入直播间时，我们可以说一两句欢迎语与观众进行互动。

3. 带货转化率

带货转化率 = 下单人数 / 总场观人数，是对直播间综合维度的一个考量，最重要的因素就是主播的带货能力。

带货转化率的行业平均水平在 1% 左右，人气高一点的大主播能达到 3% 左右，所以在主播复盘时，应着重关注转化率这个指标，这其实是一个非常好的考核主播带货能力的标准。

4. UV（观众平均消费）价值

UV 价值 = 成交额 / 总场观众人数，代表每个观众对直播间的贡献值，高 UV 价值也表示粉丝拥有极强的购买能力，可以用更好的高利润产品深挖粉丝的消费潜力。在快手，带货主播的直播间中位数 UV 价值在 1 左右，好一点的直播间 UV

价值可以达到 4 左右，精准粉丝的引入是做好直播间高 UV 价值的决定性因素。

团队中，担任运营的角色价值在这里得到充分体现，直播带货的不同阶段都具有不同的投流方式和技巧，自然流量和付费流量都要做，且两个方面都要投入巨大的精力进行引流。

快手运营一点通

> 大数据时代，数据分析和实战复盘已经成为直播带货的核心竞争力，通过实打实的后台数据进行分析，以一个旁观者的身份去客观、理性地剖析过去的自己，向过去的自己学习。这是实现自我快速成长的第一捷径。

复盘工作的三大原则

做任何事都要有原则，快手直播复盘也一样。快手直播复盘的原则有三个：高频、深度、持续。

原则 1：高频

复盘的频率，决定了自我进化的速度。很多快手主播做直播带货问题丛生，效果很差，坚持一段时间之后还是没有什么起色，于是就无奈地放弃了。其中一个非常重要的原因就是这些人复盘的频率太低了，或者说从未做过复盘。

快手主播"小 A"和很多人一样，有时做了关于直播带货的计划没坚持多久就被扔到一边，直到计划中的时限快要截止时才反应过来，于是只能含泪做个总结，同时内心中再鄙视自己一次。这种状况周而复始，直到"小A"开始做直播复盘才逐渐好了起来。从此，"小A"坚持每次直播结束后都要做复盘。不过，"小A"并不是一个全职的带货主播，通常一周也只是做一到两次带货直播，但"小A"感觉每周一到两次的频率对自己来说刚刚好，每次复盘结束后，自己都能对计划的进度有一个清晰的认识，知道自己又需要在下一周要做哪些调整。

"小A"在做复盘的时候还会遵守一点，就是百分百真实地还原记录，在他的直播复盘记录中，无论这场直播做得好不好，自己都会如实记录，并会拿给团队的其他人看，并让其他人深挖自己的直播失误。

原则2：深度

复盘的深度，决定了自我进化的质量。复盘不是浅尝辄止，否则只会永远浮于表面。所以，那些优秀的主播都始终在倒逼自己，做更加深度的思考。比如快手主播"柠檬茶"。

最开始做复盘记录的时候，"柠檬茶"只会记录一些心灵感悟、鸡毛蒜皮，总之就是爱记录一些流水账。但复盘做得越多，"柠檬茶"就越明白，这种流水账的记录，并不能让自己实现成长的突破。于是，"柠檬茶"开始在复盘记录中加入了自己的独立思考，不管怎样都要有自己的观点。但观点不是从脑子里随便飞出来的，而是要通过不断持续地输入，深度地思考，才能够写出来。慢慢地，"柠檬茶"的记录增加了复盘心得部分，以及深度思考部分，为的就是倒逼自己，建立系统的价值观，而不是仅仅停留在低水平循环。

则3：持续

复盘的持续性，决定了自我进化的上限。人类的自我进化是一场长跑比赛，而不是跳高比赛，在某一个时间节点上，一个人跳得再高，在外人看来很热闹，对自己的成长其实并没有什么太大的作用，既然是长跑，就要比耐心，比持久，比谁能坚持到最后。

具体到带货主播做复盘这件事上,就是要主播将复盘变成自己每次直播结束都必须要做的事情。快手主播"李神儿"一直信奉一句名言"大多数人高估了自己一年内能做到的事情,而低估了自己十年内能做到的事情。"十年虽然很长,但如果可以坚持一两年的复盘记录,都会让自己的带货能力有一个质的飞跃。

快手运营一点通

> 很多主播或团队进行复盘时,仅仅得出结论就完了。导致复盘这件事好像从来都没有发生过。如果可以形成文档,将已经产生的认识和结论固化下来,才会变成知识,同时也方便此后自己进行二次复盘和总结对比。

快手头部主播是如何复盘的

前面讲述了这么多关于快手直播带货复盘的内容,有些人可能觉得自己似乎听懂了,也知道复盘很重要,但实际着手操作还是有些困难。面对这种情况,我们可以参考一些头部主播的具体操作方法。下面就讲述一下"爱美食的猫妹妹"是如何组织复盘分析会的,希望能够为各位读者提供一些思路。

一般来说,在非电商节的时候,"爱美食的猫妹妹"每周一、三、五的晚上7点和粉丝见面,根据带货商品数量的多少,下播时间也会有所不同,但总体而言,一般不会超过晚上10点半。在"爱美食的猫妹妹"下播前15分钟,团队各部门成员会提前来到会议室,一边分析属于自己的工作,一边与其他同事低声进行一些讨论。当"爱美食的猫妹妹"结束直播后,会第一时间来到会议室与众人碰面,召开一个简短的复盘分析会议。

首先，由导演组的成员进行发言，直播负责人会对当日直播时长、直播观看人次、观众平均在线时长等主要数据做一个总结，让所有在场的同事有一个大致的了解。随后，直播负责人会从多个方面来总结当日直播中出现的问题，比如直播事故、操盘失误等。直播负责人会播放当日直播中出现问题的视频片段，由出现问题的个人总结出错原因并进行检讨，并对一些环节中由于硬件或场地造成的问题提出整改方案。

总结完直播环节的失误，导演组会结合销售数据来谈当日直播选品的情况。比如当天直播中有多少种商品，然后根据数据分析找出当天卖得最好的商品，并从这件单品中找寻核心属性以及卖点，在后续的选品中会让负责选品的团队成员重点研究此类商品。

通过大数据进行复盘总结是"爱美食的猫妹妹"每次直播后必不可少的环节，用她自己的话来说就是："解决问题的前提是发现问题"。

作为新主播，参考这些头部主播的复盘方法，对我们自己有很大帮助。也许刚开始什么都不熟悉，问题比较多，也非常忙乱，没那么多时间看头部主播的直播，但无论如何每天都要抽出 20 分钟观看自己重点时间段的直播回放。这可以使我们更了解自己的直播带货情况，促使我们从直播氛围、转粉率、销售情况和直播话术等方面找到自己流量上不去的原因并及时改正，争取在下一场直播中杜绝这些事故、失误的发生。

快手运营一点通

事实证明，善于学习借鉴别人的复盘经验，可以让自己在直播复盘时少走许多弯路。毕竟个人经验是有限的，通过向大主播学习复盘经验，接受他们的复盘流程和方法，与自己的实际复盘工作经验相结合，可以使自己复盘的效率提高很多。

本章操作要点总结

　　直播带货是快手十分流行的变现模式，它对直播时的人员设置、场地把控、流程掌握等方面都有较高要求，以便实现直播时的更高转化。主播若想提升直播效果，直播复盘是一种非常有效的方式。在本章中，我们重点讲述了复盘的作用与方法，直播带货是一个非常庞大、精密而又复杂的项目，直播间商品转化率低的原因，并不是主播的一句话讲得不好或者一款产品选得不好就能解释的。想要提高直播带货的转化率，最有效的方法就是进行直播复盘，而且是每一场直播都要进行复盘。

附 录

快手超级达人专访

无敌小小豆

快手号：xxd22000

自称"次世代玩家"，擅长动作奇幻类短视频的拍摄和制作，依靠天马行空般的想象力与超强的后期特效制作能力，短短两年时间便在快手斩获 450 万粉丝，全网粉丝更是已经突破千万。她的"武侠美食"系列短视频深受粉丝喜爱，该系列下多部短视频作品的点赞量超过百万，播放量达到千万级别。

专访实录

提问：无敌小小豆，你好，很荣幸能够再次邀请到你和你的团队进行采访。首先祝贺你，快手粉丝已经突破了 450 万，距离上次采访你们时，你们 2021 年许下愿望的 500 万粉丝只差 50 万了。在仅仅一年的时间里，你们团队的粉丝数量就从 200 多万增长到 450 万，有没有什么感想对粉丝朋友说的？

小小豆：开心，开心，开心，重要的事情说三遍。非常感谢大家一直以来对于小小豆系列作品的支持，小女子这厢有礼了。

提问：我有个问题，相信粉丝朋友们也都比较关注，你们团队之前的名字是"吃货小小豆"，为什么突然改成"无敌小小豆"了呢？在短视频赛道上，你们难道已经到达"无敌是一种寂寞"的境界了？

小小豆：呃，你这个冷笑话简直比哈尔滨的冬天还冷。其实是这样的，2021年下半年开始，全网都在打击吃播，尤其是那种吃相有失风雅的大胃王博主，就是那种快速进食，嘴上还不时发出声音的视频。平台认为这种视频有害身体健康且存在浪费粮食的现象，同时也会对观众做出错误引导，所以打击得特别狠。于是，我们之前的名字也就"躺枪"了，虽然内容和大胃王什么的一点关系也没有，但为了保险起见，团队在经过多次讨论后，最终还是慎重地改成了现在的名字。

提问：改名前后，粉丝的增长有变化吗？后续有没有影响你们涨粉？

小小豆：这个问题我们也一直关注过，从数据分析来看，影响并不大。

提问：你现在也是450万粉丝的大V了，对你的生活有没有带来过一些影响，比如逛街时被人认出来。

小小豆：有时候外出是会被人认出来，也有主动找我合影的。

提问：和粉丝合影是不是挺自豪的？

小小豆：说真的，内心是有一些小激动，但更多的是一种受宠若惊的感觉。没拍短视频之前，我从没想过自己有一天也能成为网红。

提问：我发现你们团队视频更新的速度和一年前相比明显有了提升，基本达到了周更的频率，团队是否招募了新人来帮助你们完成视频的拍摄？

小小豆：是的，最开始的时候团队基本上只有我和导演两个人，构思、写剧本、拍摄、后期剪辑都是两个人忙活，偶尔会有一两个人进入团队一起合作，但都是短期的。这次合作完，下次可能就不会再继续合作的那种。所以，视频更新的速度相对较慢。不过今年（2021年）粉丝有了明显的增长后，公司方面也投入了一些资源进来，所以现在可以做到周更，甚至是一周两更。

提问：在整个拍摄的流程中，加入后期特效是不是最耗费时间和精力的事情？

小小豆：其实讨论剧本的时间投入的也很多，两者相比较的话用时几乎不分伯仲。主要是我们团队的规模还是不算大，所以很多特效都是使用现成的素材。我们在讨论剧本的时候就要考虑这些，如果没有合适的特效素材，我们是要对剧本做出修改的，所以我们剧本会的时间相对要长一些。其实，如果有更多资源的话，我们在后期特效这块还能做得更好。

提问：能和想要创作短视频的老铁们简单介绍一下你们团队的分工和工作流程吗？

小小豆：可以的。剧本的创作主要是经过剧本会讨论出来的，拍摄时偶尔也会由于种种原因而做出一些增删，但改动不大。场景、道具这些是由专门的道具师负责的，化妆这一块有时是我自己弄，有时是化妆师，这个看具体情况。然后拍摄的时候，团团哥，也就是一直跟我合作的导演做得比较多，基本上摄影、打光什么的，他一个人都包了。至于剪辑的话，加特效这一块我也不太懂，剪辑一般都交给剪辑师来做，团团哥不忙的时候也会一起跟着处理素材。

提问：你们拍摄的作品，除了前期有少量台词之外，之后的短视频几乎鲜有说台词的情况了，而且出镜的演员也一直只有你一个人，偶尔你的宠物猫也会跟着一起客串。团队在今后创作中是否想过转型？

小小豆：团队改名的那会儿，也想过借着改名的机会，在内容上做出一定的改变，也曾尝试着和别的网红共同合作拍摄过三个作品，但成片的效果一般。三个片子也一直压着没发，基本成了废案。因此，直到现在依旧是采用改名前的方式进行拍摄。不过内容上还是有些改变的，比如以前我们的视频主题一直以做饭为主，最近的几个作品我们则改变了这个套路，算是一个不大不小的改变吧。

提问： 2021 年即将结束了，虽然没有达成 500 万粉丝的目标，但也相差不远了。团队在变现上表现如何？现在的主要变现方式是哪些呢？

小小豆： 团队运营这一块一直是由公司负责的，变现形式主要以线下为主，线上的话偶尔也会接一两个推广广告。我和公司签了保密协议，所以具体收益不方便透露，不过我能说的是变现能力已经得到了验证，并且达到了项目建立之初的预期。

提问： 好的。最后一个问题。快手是一个开放的平台，它让很多从前从未接触过短视频行业的玩家参与到创作之中，不少玩家想要趁着短视频的风口攫取一波红利，其中有些人已经有了组建团队的想法。对此，你有什么建议想跟他们分享吗？

小小豆： 我能给的建议只有八个字"兵马未动，粮草先行"，无论是个人还是团队在下场之前一定要做好充足的准备，包括自己的风格、特色也一定要找好，否则拍摄的时候一定会手忙脚乱的。另外，剧本一定要精彩，至少要有自己的思想在里面，特效是锦上添花的东西。说到底，特效、道具都是服务于剧本或者说是内容的，现在短视频行业的竞争非常激烈，只有持续拍出好的内容、观众喜欢的内容，才有可能在快手收获关注和人气。

迷藏卓玛

快手号：mizang88

迷藏卓玛，本名格绒卓姆，1997 年出生的藏族姑娘。在快手分享自己的日常生活继而走红，四年时间在快手平台收获粉丝 210 万，全网粉丝超过 500 万，是粉丝口中的"松茸西施"。2019 年，迷藏卓玛与当地村民成立合作社，通过在快手发布短视频进行宣传，在合作社成立第一年的农产品采摘季里便为当地村民创造了超过 300 万元人民币的收入，一时间迷藏卓玛带领村民脱贫的故事在网络广为流传。

专访实录

提问：十分荣幸能够邀请到你接受这次采访。其实在采访前我做了很多功课，我看过一篇新闻，2021 年快手公司上市时邀请六位快手用户到北京快手总部参加敲锣仪式，其中就有你，当时的感觉如何？

迷藏卓玛：其实提起这个事，直到现在我都感到很不可思议，最初接到通知的时候，我还以为自己遇到了骗子，直到反复与（快手）官方工作人员进行确认后才彻底放下心，当得知被邀请去参加仪式时，心里是很激动的，好像做梦一样。

提问：最初使用快手这款 APP 大概是什么时候？在接触快手前接触过别的短视频 APP 吗？

迷藏卓玛：快手是我用过的第一个短视频软件，我在快手发布的第一个视频是 2017 年，当时身边挺多朋友都开始玩这个，于是我也跟着下载了一个。最开始不懂剪辑什么的，视频也都是拍完就直接上传了，连字幕都没有配。

提问：嗯，其实你早期的很多视频我都有看过，和现在的风格相比确实稍显稚嫩，不过这也证明你在短视频行业里成长了，不是吗？对于自己在快手上获得的成长以及成就，有没有什么感想？

迷藏卓玛：感想嘛，我应该算是挺幸运的一批（创作者）了，刚开始拍快手时就获得了很多粉丝。我记得第一个火的视频，是全家上山挖虫草时候拍的，当时山里的信号很差，为了找信号，还走了很远的路。没想到这个视频一下子就火了，因为信号差，等我知道视频上热门时已经是第二天了，不到一天的时间收到了几百条私信，粉丝也涨了不少。怎么说呢，应该说让我第一次感受到了短视频的火爆。

提问：在快手平台，你收获最大的是什么？

迷藏卓玛：粉丝的信任和支持，如果当时视频（数据）没有起色的话，可能也就不会再拍了。毕竟在父母看来，整天拿着手机到处拍是很不务正业的行为。

提问：现在拍视频，家里人支持吗？

迷藏卓玛：嗯，现在是支持的。从我第一条视频爆了以后，大概过了三四个月，我通过快手联系到一笔大单，对方一下子从我这里买了很多虫草，就是这件事之后父母的态度才有所改变的，也是从这件事以后对网络带来的能量另眼相看了。

提问：除了农产品这一块的业务，有考虑过做其他商品的推广吗？

迷藏卓玛：暂时没有这个打算，除了农产品，其他的东西我们都不了解，有些广告商是找过我，让我帮他们做化妆品之类的推广，这些广告我从来没接过，因为我没用过，也不知道效果如何，所以也就没想过接这些广告。

提问：依靠带货农产品在快手成名后，有没有想过将重心放到其他平台，进行多平台发展吗？

迷藏卓玛：有过这个打算，但是除了抖音之外，别的平台效果都很一般。不过抖音的变现也能难做，询价、下单比快手上少很多。

提问：你们认为抖音和快手的差异是由什么原因导致的呢？

迷藏卓玛：我感觉可能有两个原因。第一个，抖音用户通常喜欢看热门推荐的内容，很少有用户看关注的内容。即使你有上百万的粉丝，但你发短视频时，看你内容的粉丝占比相较于快手少很多。在快手，看关注内容的用户比例可能会更高一些，我个人感觉可能有30%~40%。第二个，我们在快手上发的视频，收到的私信回复也比抖音的数量多一些，而抖音上同一个短视频有时候点赞会多一些，但是评论和私信会少一些。在抖音上，我们有很多视频的播放量都很高，但是私信一般只有几十条，成交率就更低了。两个平台的区别有可能是粉丝黏性造成的，也有可能和平台的氛围有关系。

提问：具体是什么样的氛围呢？

迷藏卓玛：在我看来，快手上的内容更草根、更接地气，也更贴近普通人的生活。抖音的话，很多人剪辑得很好，拍出来的东西也很好看，但是给人的距离感稍微有点远，与真实的生活不太贴近。

提问：你在注意到两个平台的差异后，有根据平台特点调整内容风格吗？

迷藏卓玛：基本没有，除了偶尔有过两三个。我们拍摄的内容还是主要以日常生活为主，那些跟风拍、对口型的视频，我们并不喜欢做，也没有想在抖音上多火。

提问：那你觉得在快手上，哪些内容比较受快手用户的关注呢？

迷藏卓玛：以我举例吧，一个比较明显的是上山挖虫草的视频，我感觉这个之所以能上热门，可能是因为不少人觉得这类视频比较新奇，另一个是我们拍的分享美食的视频。

提问：你们从零开始，到现在快手上的粉丝已经突破了200万，有没有一些创作心得和经验分享？

迷藏卓玛：快手上内容丰富，也很多元化，在快手，也有很多比我们粉丝还多的人。但我们在拍摄短视频时，会遵循心里的一条线，突破底线的事情我们是完全不去考虑的，比如做一些装疯卖傻、哗众取宠的事情。我觉得做这些内容是不会长久的，因为当你以负面形象示人时，吸引成为你粉丝的往往也是一些负能量的人，我觉得这样不好。我记得我刚做快手的时候，流行喝酒的视频，比如你喝八瓶，他喝十瓶那样的，类似这种视频肯定是走不远的。不但平台会限流，粉丝早晚也会看腻。如果能展示真实的日常生活，那是最好的。

提问：好的，最后一个问题。关于未来的发展，你们有什么好的想法吗？有没有想过其他的变现方法？

迷藏卓玛：除了继续发展农产品电商，我们也想做一些与民俗文化有关的旅游项目，拍了好几年视频，几乎每个月都有粉丝私信说想过来旅游，感受大自然。不过我们家房子不大，一次最多也只能接待两位游客，所以我就想着建栋大房子，给想来体验当地生活的粉丝和游客提供帮助。当然，我们也不是想着靠收住宿费赚多少钱，目前还只是打算盖房，如果真打算做了，住宿费一定不会高。因为我本身的想法就是想让更多人能来我这里感受当地的生活，以及有机会亲自体验采摘虫草、松茸，动手制作腊肉，品尝当地美食。这样的话，我们村子里其他村民也能受益，我的目的是带动整个村子的经济发展。

猫舌崔

快手号：superjoey

萌宠领域创作者，家中饲养宠物有三只猫和一只鸭，猫舌崔入驻快手时间不长，但视频产量惊人，接近2天一更，日常作品也基本围绕着宠物猫和宠物鸭进行创作，本人偶尔出镜但从未露脸，快手粉丝58万，在宠物视频领域表现不俗。

专访实录：

提问：作为一名宠物博主，被大家关注的感觉是什么样的？

猫舍崔：这个嘛，感觉挺幸福的，因为我从小就喜欢小动物，所以平时也就拍一些宠物的短视频。把自己和宠物在一起相处时的有趣经历分享出来，希望结交一些同样喜爱小动物的朋友。最初拍摄视频就是想和大家聊聊天，不过粉丝逐渐多了以后，也有一定的心理负担，担心自己发布的作品不被接受，所以现在做视频的速度跟以前相比慢了不少，主要是需要花更多的时间打磨，争取每个作品都能做到最好。

提问：快手上宠物领域的短视频博主有很多，但像你做到头部的感觉不是很多，你觉得自己成功的秘诀是什么？

猫舍崔：也没有啦，我平时刷快手也关注了一些宠物博主，他们当中有很多粉丝都超过百万，很厉害。他们才是真正的头部，跟他们比，我还差得很远。对我来说，粉丝愿意关注我的作品也没有特别的诀窍，可能大家觉得我的猫猫可爱才关注我的吧。

提问：谦虚了，你在日常创作中发生过哪些有趣的事，可以和粉丝朋友们分享吗？

猫舍崔：实在太多了，能陪在猫猫身边，我觉得每天都很开心。

提问：那换种问法，你平时创作视频的时候有没有什么烦心的事情？

猫舍崔：这个必须有，比如我在拍摄的时候，猫猫总是不按照我的想法走。有时候拍一两个小时才能拍出一条适合剪辑的素材，不过说起来也不算是烦心吧，就是身体偶尔吃不消。但又不能不拍，因为总是有私信催更，自己也觉得总是不发作品对不起粉丝，所以就只能继续拍咯。

提问：平时和粉丝互动多吗？

猫舍崔：应该算是比较多吧，私信、微信，只要是和我讨论宠物话题的，我不忙的时候基本上都会回复。当然，评论区也会回复一些粉丝的问题，不过有时候作品点赞的人多，评论的人数也多，我就只能挑一些评论进行交流，做不到全部回复，因为太多了。

提问：如果，我是说如果，哪天没人关注你的宠物了，或者说不再关注你的作品了，你会不会感到失落？

猫舍崔：这个问题其实我也有想过，我不知道自己能不能一直坚持拍下去，也不知道可以坚持拍到什么时候，也有可能以后拍的东西看的人少了，这些都是我要去面对的。我觉得现在能被大家关注其实是一种幸运，但我也清楚，没有谁会一直保持好运，所以说，我其实现在就已经有一点心理准备了，虽然并不是很充分，但如果那一天真的来临的话，我应该不会很难过或是应该不会难过太久。

提问：不谈伤感的事情了，我们换个话题。平时你在创作短视频作品时，会对涨粉有一个心理上的预测吗？

猫舍崔：老实说，我并不在意粉丝的数量，相比数量，我更为关注的是粉丝的质量。我希望关注我的粉丝都是喜欢养宠物的，或者是一些看了我作品后打算养宠物的人。

提问：关于快手变现、接广告这个事，你是怎么看的？

猫舍崔：我觉得作为短视频创作者，偶尔接广告是无可否非的，因为有收益才会有能多的创作动力。我平时也会接广告，但是接的不多，都是宠物用品并且是我亲自使用过觉得性价比还不错的产品，其实更多也是抱着一种好物分享的想法，除此之外，我并不会接更多广告。我觉得一个视频创作者无论红不红，他首先也是一个消费者，所以要更加站在消费者的角度来思考，如果打算接广告推广的话，首先内容要有趣，然后推荐的商品好用实惠，就可以了。

提问：你的短视频作品中，出镜的一直都是宠物，以后考虑过真人与宠物一同出镜吗？

猫舍崔：暂时没有这个打算，从小我妈带我去影楼照相的时候，我就不敢看镜头。这么多年过去了，现在的我还是对镜头有一种恐惧感，可能这种面对镜头的不自然还会一直持续下去，所以我就不出镜了。

提问：新的一年，你有没有什么想对粉丝说的？

猫舌崔：感谢大家对我的支持，未来我会继续给各位带来好玩、有趣的视频作品。新的一年，祝大家财源滚滚，虎虎生威。

快手直播违规行为及处罚说明

一、概述

1. 为了加强对快手直播平台的管理，给广大用户提供一个内容健康向上的直播平台，给快手用户提供更好的用户体验，特制定本直播规范。

2. 本直播规范适用于快手直播平台所有直播间、所有主播。

3. 主播开始直播则表示阅读并同意《快手直播规范用户服务协议》，如有违规亦同意接受快手处罚，如触犯国家法律将承担相应的法律后果。

二、违规行为的分类和处罚说明

严重违规行为（A类违规）

违反A类规定的用户，将永久封禁直播，乃至封禁账号，且快手平台有权冻结违规账户中未提现礼物收益。

严重违规行为是指涉政、涉黄、恶意违规等严重扰乱直播平台秩序的行为：

1. 直播中展示传播淫秽色情内容，包括但不限于性行为、色情推广、露点画面、挑逗性言行、带有性暗示的直播内容、违反公序良俗的行为；

2. 直播中展示或销售管制物品，包括但不限于私藏枪支弹药、枪支部件、组装方法、仿真枪支；

3. 直播中展示或销售毒品、违禁药品，或展示与之相关的任何行为，包括但不限于海洛因、大麻、吸毒工具、吸食注射、买卖交易；

4. 直播中展示赌博或与涉赌相关的任何活动，包括但不限于非法赌牌、红包赌博、网络赌博网站、赌博游戏、赌博工具；

5. 直播中展示危害自身或他人生命安全的行为或言论，包括但不限于自杀自残、割腕烧炭、跳楼跳河、自杀游戏等；

6. 直播中发布有害信息，严重违反社区规定。

中度违规行为（B类违规）

违反B类规定的用户，将被立即停止当前直播，并按违规次数递增停播时间。用户在停播处置期满后，若一个月内多次直播都无违规行为，将降低违规累积次数，予以减轻处罚；若持续多次B类违规，或情节严重的将永久停播，乃至封禁账号。

中度违规行为是指除严重违规行为外，程度较重地扰乱直播平台秩序的违规行为：

1. 直播中出现诱惑性、挑逗性不良行为，包括但不限于低俗表演、低俗PK、低俗段子、低俗游戏；

2. 直播中通过猎奇、怪异、夸张或其他方式，恶意吸引关注、博取热点，包括但不限于怪异着装、恶搞他人、恶意揭秘炒作；

3. 直播中出现成人娱乐场所、易暴露隐私的公共私密场所，包括但不限于夜总会、公厕、洗浴中心、大众浴池，或直播过程中涉及成人用品及其仿制品相关的内容；

4. 直播中刻意拍摄人体敏感部位或进行带有性暗示、性挑逗的行为动作；

5. 直播中展示易引起观众心理或生理反感、不适的行为或画面，包括但不限于恐怖惊悚画面、吞食异物、宣扬炫富拜金主义；

6. 直播中宣扬暴力行为或言论，包括但不限于约架、打架、斗殴、威胁恐吓、欺辱他人；

7. 直播中出现意图威胁自身或他人生命安全的行为或言论，包括但不限于扬言自杀自残、割腕烧炭、跳楼跳河、展示自残伤疤；

8. 直播中展示、含有易引起观众心理或生理不适的血腥画面，包括但不限于血腥屠宰镜头，血腥暴力的影视剧、游戏片段；

9. 直播中展示、含有易引起观众心理或生理不适的画面，包括但不限于虐待动物、展示尸体、伤残画面；

  10. 直播中展示或销售管制、违禁物品，包括但不限于管制刀具、防身器械、爆炸物、警用器械、管制药品、剧毒物品、非法走私物品等；

  11. 直播中进行虚假宣传或销售假冒伪劣产品，包括但不限于宣传中使用极限用语、绝对化用语（国家级、最高级、国家品牌等），销售山寨、高仿、带有伪造商标、以次充好的商品，诱导欺骗消费者；

  12. 直播中展示非法医疗相关的产品和服务信息，包括但不限于减肥类、美容整形类、药品类、保健品类、成人用品类；

  13. 直播中展示宣传非法、违规产品和服务信息，包括但不限于违规网络兼职、代购、代理加盟、金融广告、游戏外挂、非法募捐、烟草或其他不符合用户协议的商业广告；

  14. 直播中出现偷猎、狩猎、贩卖、走私、加工、食用、捕杀、私自饲养保护动物等行为；

  15. 直播中出现盗采、贩卖、走私、加工、食用保护植物等行为；

  16. 直播中出现宣传、推广、导流到其他平台的行为；

  17. 直播中展示赌博或与涉赌相关的任何活动，包括但不限于非法赌牌、红包赌博、网络赌博网站、赌博游戏、彩票、一元夺宝、赌博工具等；

  18. 直播中侵犯他人合法权益、泄露他人隐私，包括但不限于私闯住宅、泄露他人手机号码、家庭住址、身份信息，人肉搜索他人、破坏私人物品、非法限制人身自由；

  19. 直播中发布有害信息，违反社区规定；

  20. 直播中出现涉及封建迷信思想、对逝者不敬的言行；

  21. 直播中出现国家明令禁止的行为，包括但不限于非法募捐、挖宝、盗墓、扰乱交通秩序、组建非法组织、损坏人民币、销售非法所得等；

  22. 直播中着装暴露、诱惑，或展示其他不宜展示的着装及行为；

  23. 直播中出现意图威胁自身或他人生命安全的行为或言论，包括但不限于吃玻璃、胸口碎大石、窒息游戏、憋气挑战、野外跳水等；

24. 直播中出现危险驾驶或者违反交通法规的违章驾驶行为，包括但不限于主播驾车直播、在副驾驶位直播并和司机频繁互动、飙车、骑车手脱把、摩托车翘头；

25. 直播中发表不良低俗言论，包括但不限于人身攻击、语言暴力、谈论两性话题、诽谤骚扰他人、诱惑性声音；

26. 直播中宣扬或传播不符合公序良俗要求的影视或音乐作品，包括但不限于各地的低俗、庸俗、媚俗作品，违禁作品；

27. 直播中发布妨碍平台正常秩序或干扰平台用户的不当言论，包括但不限于诱导用户消费、散布不实信息、煽动粉丝情绪；

28. 直播中出现侵犯未成年人合法权益、危害未成年人身心健康、传递未成年人违法违规不良导向的内容或行为，包括但不限于未成年人直播、暴露敏感部位、言语侮辱、体罚虐待未成年人；

29. 直播中出现违规行为，包括但不限于借号直播、给他人宣传高危商品、歪曲官方信息制造不实言论；

30. 直播中出现引导用户至非快手认可的渠道进行私下交易的行为，包括但不限于以口播、摆放等形式露出站外联系方式，或者引导用户添加站外联系方式进行商品、服务交易。

一般违规行为（C类违规）

违反C类规定的用户，将被予以警告；若不改正，再次警告将停止当前直播。若仍然不改正，将停止当前直播并禁播一天。情节严重的将延长停播时间。

一般违规行为是指除严重违规行为和中度违规行为外，其他扰乱直播平台秩序的违规行为，包括但不限于：

1. 直播中出现抽烟、喝酒等不健康行为；

2. 直播中进行各类广告宣传，恶意发布广告的行为；

3. 直播中播放一切无版权内容，包括但不仅限于影视、游戏、体育赛事、演唱会等；

4. 直播标题及封面中出现低俗、诱导性文字及不雅封面博取点击；

5. 直播中出现着装不雅的行为，包括但不限于赤膊、穿着暴露、文身、特殊部位非正常拍摄等。

三、其他声明

本规范由快手制定并发布。为了打造绿色健康的直播平台，快手可能在必要时对本规范进行修订，修订后的规范将在快手直播平台以公示形式告知用户。如用户不同意相关变更，可以停止使用快手直播平台相关服务，并可通过公示的方式联系快手注销账号，如继续登录或使用即表示用户已接受修订后的规范。

《网络直播营销管理办法（试行）》

第一章　总则

第一条　为加强网络直播营销管理，维护国家安全和公共利益，保护公民、法人和其他组织的合法权益，促进网络直播营销健康有序发展，根据《中华人民共和国网络安全法》《中华人民共和国电子商务法》《中华人民共和国广告法》《中华人民共和国反不正当竞争法》《网络信息内容生态治理规定》等法律、行政法规和国家有关规定，制定本办法。

第二条　在中华人民共和国境内，通过互联网站、应用程序、小程序等，以视频直播、音频直播、图文直播或多种直播相结合等形式开展营销的商业活动，适用本办法。

本办法所称直播营销平台，是指在网络直播营销中提供直播服务的各类平台，包括互联网直播服务平台、互联网音视频服务平台、电子商务平台等。

本办法所称直播间运营者，是指在直播营销平台上注册账号或者通过自建网站等其他网络服务，开设直播间从事网络直播营销活动的个人、法人和其他组织。

本办法所称直播营销人员，是指在网络直播营销中直接向社会公众开展营销的个人。

本办法所称直播营销人员服务机构，是指为直播营销人员从事网络直播营销活动提供策划、运营、经纪、培训等的专门机构。

从事网络直播营销活动，属于《中华人民共和国电子商务法》规定的"电子商务平台经营者"或"平台内经营者"定义的市场主体，应当依法履行相应的责任和义务。

第三条　从事网络直播营销活动，应当遵守法律法规，遵循公序良俗，遵守商业道德，坚持正确导向，弘扬社会主义核心价值观，营造良好网络生态。

第四条　国家网信部门和国务院公安、商务、文化和旅游、税务、市场监督管理、广播电视等有关主管部门建立健全线索移交、信息共享、会商研判、教育培训等工作机制，依据各自职责做好网络直播营销相关监督管理工作。

县级以上地方人民政府有关主管部门依据各自职责做好本行政区域内网络直播营销相关监督管理工作。

第二章　直播营销平台

第五条　直播营销平台应当依法依规履行备案手续，并按照有关规定开展安全评估。

从事网络直播营销活动，依法需要取得相关行政许可的，应当依法取得行政许可。

第六条　直播营销平台应当建立健全账号及直播营销功能注册注销、信息安全管理、营销行为规范、未成年人保护、消费者权益保护、个人信息保护、网络和数据安全管理等机制、措施。

直播营销平台应当配备与服务规模相适应的直播内容管理专业人员，具备维护互联网直播内容安全的技术能力，技术方案应符合国家相关标准。

第七条　直播营销平台应当依据相关法律法规和国家有关规定，制定并公开网络直播营销管理规则、平台公约。

直播营销平台应当与直播营销人员服务机构、直播间运营者签订协议，要求其规范直播营销人员招募、培训、管理流程，履行对直播营销内容、商品和服务的真实性、合法性审核义务。

直播营销平台应当制定直播营销商品和服务负面目录，列明法律法规规定的禁止生产销售、禁止网络交易、禁止商业推销宣传以及不适宜以直播形式营销的商品和服务类别。

第八条　直播营销平台应当对直播间运营者、直播营销人员进行基于身份证件信息、统一社会信用代码等真实身份信息认证，并依法依规向税务机关报送身份信息和其他涉税信息。直播营销平台应当采取必要措施保障处理的个人信息安全。

直播营销平台应当建立直播营销人员真实身份动态核验机制，在直播前核验所有直播营销人员身份信息，对与真实身份信息不符或按照国家有关规定不得从事网络直播发布的，不得为其提供直播发布服务。

第九条　直播营销平台应当加强网络直播营销信息内容管理，开展信息发布审核和实时巡查，发现违法和不良信息，应当立即采取处置措施，保存有关记录，并向有关主管部门报告。

直播营销平台应当加强直播间内链接、二维码等跳转服务的信息安全管理，防范信息安全风险。

第十条　直播营销平台应当建立健全风险识别模型，对涉嫌违法违规的高风险营销行为采取弹窗提示、违规警示、限制流量、暂停直播等措施。直播营销平台应当以显著方式警示用户平台外私下交易等行为的风险。

第十一条　直播营销平台提供付费导流等服务，对网络直播营销进行宣传、推广，构成商业广告的，应当履行广告发布者或者广告经营者的责任和义务。

直播营销平台不得为直播间运营者、直播营销人员虚假或者引人误解的商业宣传提供帮助、便利条件。

第十二条　直播营销平台应当建立健全未成年人保护机制，注重保护未成年人身心健康。网络直播营销中包含可能影响未成年人身心健康内容的，直播营销平台应当在信息展示前以显著方式作出提示。

第十三条　直播营销平台应当加强新技术新应用新功能上线和使用管理，对利用人工智能、数字视觉、虚拟现实、语音合成等技术展示的虚拟形象从事网络直播营销的，应当按照有关规定进行安全评估，并以显著方式予以标识。

第十四条　直播营销平台应当根据直播间运营者账号合规情况、关注和访问量、交易量和金额及其他指标维度，建立分级管理制度，根据级别确定服务范围及功能，对重点直播间运营者采取安排专人实时巡查、延长直播内容保存时间等措施。

直播营销平台应当对违反法律法规和服务协议的直播间运营者账号，视情采取警示提醒、限制功能、暂停发布、注销账号、禁止重新注册等处置措施，保存记录并向有关主管部门报告。

直播营销平台应当建立黑名单制度，将严重违法违规的直播营销人员及因违法失德造成恶劣社会影响的人员列入黑名单，并向有关主管部门报告。

第十五条　直播营销平台应当建立健全投诉、举报机制，明确处理流程和反馈期限，及时处理公众对于违法违规信息内容、营销行为投诉举报。

消费者通过直播间内链接、二维码等方式跳转到其他平台购买商品或者接受服务，发生争议时，相关直播营销平台应当积极协助消费者维护合法权益，提供必要的证据等支持。

第十六条　直播营销平台应当提示直播间运营者依法办理市场主体登记或税务登记，如实申报收入，依法履行纳税义务，并依法享受税收优惠。直播营销平台及直播营销人员服务机构应当依法履行代扣代缴义务。

第三章　直播间运营者和直播营销人员

第十七条　直播营销人员或者直播间运营者为自然人的，应当年满十六周岁；十六周岁以上的未成年人申请成为直播营销人员或者直播间运营者的，应当经监护人同意。

第十八条　直播间运营者、直播营销人员从事网络直播营销活动，应当遵守法律法规和国家有关规定，遵循社会公序良俗，真实、准确、全面地发布商品或服务信息，不得有下列行为：

（一）违反《网络信息内容生态治理规定》第六条、第七条规定的；

（二）发布虚假或者引人误解的信息，欺骗、误导用户；

（三）营销假冒伪劣、侵犯知识产权或不符合保障人身、财产安全要求的商品；

（四）虚构或者篡改交易、关注度、浏览量、点赞量等数据流量造假；

（五）知道或应当知道他人存在违法违规或高风险行为，仍为其推广、引流；

（六）骚扰、诋毁、谩骂及恐吓他人，侵害他人合法权益；

（七）传销、诈骗、赌博、贩卖违禁品及管制物品等；

（八）其他违反国家法律法规和有关规定的行为。

第十九条　直播间运营者、直播营销人员发布的直播内容构成商业广告的，应当履行广告发布者、广告经营者或者广告代言人的责任和义务。

第二十条　直播营销人员不得在涉及国家安全、公共安全、影响他人及社会正常生产生活秩序的场所从事网络直播营销活动。

直播间运营者、直播营销人员应当加强直播间管理，在下列重点环节的设置应当符合法律法规和国家有关规定，不得含有违法和不良信息，不得以暗示等方式误导用户：

（一）直播间运营者账号名称、头像、简介；

（二）直播间标题、封面；

（三）直播间布景、道具、商品展示；

（四）直播营销人员着装、形象；

（五）其他易引起用户关注的重点环节。

第二十一条　直播间运营者、直播营销人员应当依据平台服务协议做好语音和视频连线、评论、弹幕等互动内容的实时管理，不得以删除、屏蔽相关不利评价等方式欺骗、误导用户。

第二十二条　直播间运营者应当对商品和服务供应商的身份、地址、联系方式、行政许可、信用情况等信息进行核验，并留存相关记录备查。

第二十三条　直播间运营者、直播营销人员应当依法依规履行消费者权益保护责任和义务，不得故意拖延或者无正当理由拒绝消费者提出的合法合理要求。

第二十四条　直播间运营者、直播营销人员与直播营销人员服务机构合作开展商业合作的，应当与直播营销人员服务机构签订书面协议，明确信息安全管理、商品质量审核、消费者权益保护等义务并督促履行。

第二十五条　直播间运营者、直播营销人员使用其他人肖像作为虚拟形象从事网络直播营销活动的，应当征得肖像权人同意，不得利用信息技术手段伪造等方式侵害他人的肖像权。对自然人声音的保护，参照适用前述规定。

第四章　监督管理和法律责任

第二十六条　有关部门根据需要对直播营销平台履行主体责任情况开展监督检查，对存在问题的平台开展专项检查。

直播营销平台对有关部门依法实施的监督检查，应当予以配合，不得拒绝、阻挠。直播营销平台应当为有关部门依法调查、侦查活动提供技术支持和协助。

第二十七条　有关部门加强对行业协会商会的指导，鼓励建立完善行业标准，开展法律法规宣传，推动行业自律。

第二十八条　违反本办法，给他人造成损害的，依法承担民事责任；构成犯罪的，依法追究刑事责任；尚不构成犯罪的，由网信等有关主管部门依据各自职责依照有关法律法规予以处理。

第二十九条　有关部门对严重违反法律法规的直播营销市场主体名单实施信息共享，依法开展联合惩戒。

第五章　附则

第三十条　本办法自 2021 年 5 月 25 日起施行。